© 2020, Buzz Editora
Publisher ANDERSON CAVALCANTE
Editora SIMONE PAULINO
Editora assistente LUISA TIEPPO
Projeto gráfico ESTÚDIO GRIFO
Assistente de design FELIPE REGIS
Preparação MARINA MUNHOZ
Revisão ANTONIO CASTRO, JÚLIA RIBEIRO

Dados Internacionais de Catalogação na Publicação (CIP) de acordo com ISBD

C331t
    Carvalho, Ícaro de
    Transformando palavras em dinheiro: Ícaro de Carvalho
    São Paulo: Buzz, 2020
    176 pp.

    ISBN 978-65-80435-44-9

1. Marketing. 2. Copywriting.
3. Marketing digital. I. Título.

                          CDD 658.8
2019-2259   CDU 658.8

Elaborado por Vagner Rodolfo da Silva CRB-8/9410

Índice para catálogo sistemático:
1. Marketing 658.8 / 2. Marketing 658.8

Todos os direitos reservados à:
Buzz Editora Ltda.
Av. Paulista, 726 – mezanino
CEP: 01310-100 São Paulo, SP
[55 11] 4171 2317
[55 11] 4171 2318
contato@buzzeditora.com.br
www.buzzeditora.com.br

Ícaro de Carvalho

transformando palavras em dinheiro

42 lições que ninguém ensina sobre copywriting e marketing digital

Para a minha esposa, Anna, que aceitou casar comigo, me tornou homem, gerou meus filhos e me salvou da ditadura que era viver para mim mesmo.

"É necessário que ele cresça e que eu diminua."
João 3:30

Marketing é transformar segundos em minutos. A minha carta de vendas começa agora.

8	O que você vai aprender neste livro?
11	Um último aviso antes de começarmos a trabalhar
14	Apresentação
16	**42 lições que ninguém ensina sobre copywriting e marketing digital**
17	O surgimento do discurso persuasivo
22	O escriba, o guerreiro e o bruxo
28	A persuasão na História
33	*Locos, si, pero no tontos!*
38	As lições que David Ogilvy me deu
43	O *Clube da luta* e do bom exemplo
49	Prodígios e fracassos
54	A exceção que confirma a regra
58	O que importa é o conteúdo
61	Redes sociais: suas melhores amigas
64	A diferença entre venda e copywriting
68	Seja antifrágil
72	Uma lição para o meu filho
74	O valor da empatia
77	"Mostre-me o que uma pessoa admira e lhe direi tudo o que importa para ela"
79	A relação entre storytelling e sua caixa de e-mails
82	Estruturando suas vendas
86	Estratégias de busca: aspirações e inspirações
89	Calibre seu discurso
93	Quem tem medo do Lobo Mau?

95	"O que o senhor *não* deseja?"
98	A oferta é o motivo pelo qual a sua página existe
101	O poder da estética
103	Garanta e se garanta
106	Preço não é tudo, mas é 100%
108	O Paradigma de Godin
112	Mais uma lição de Claude C. Hopkins
114	Elementos que compõem o assoalho de uma boa narrativa
118	A relação entre *éthos*, *logos* e *páthos* em um roteiro persuasivo
122	O roteiro básico de uma narrativa bem-sucedida
128	Dez elementos persuasivos que não podem faltar na sua redação
133	"Apenas isto": uma lição de Eugene Schwartz
136	A pirâmide do desejo
141	A busca pela autoridade no mundo digital
146	Um ambiente propício para a compra
150	O poder (negativo ou positivo) das experiências
153	Os signos da autoridade
156	Autoridade não se ganha
158	Os cinco pês
161	A importância da primeira frase
165	O momento eureka
173	Chegamos, enfim, ao fim

O que você vai aprender neste livro?

Olha, você tem uma sorte danada. Queria eu ter aberto este livro há dez anos. Teria economizado tempo, energia, dinheiro e evitado muitos caminhos errados. É claro que tudo isso foi importante para que eu chegasse até aqui, mas como doeu!

Este livro não pretende resolver todos os seus problemas; está longe de ser uma daquelas obras que te prometem uma vida épica, de riquezas e realizações.

Eu não vou te ensinar a ficar rico do dia para a noite. A minha promessa é muito mais valiosa: te ensinarei a escrever.

Não tenho a pretensão de torná-lo um escritor, até porque isso seria loucura, mas te passarei o meu tesouro mais valioso: a capacidade de transformar palavras em dinheiro. Se eu tivesse que transferir uma única coisa aos meus filhos, seria essa capacidade. Quem escreve bem, pensa bem. Quem pensa bem, reúne gente. Quem reúne gente, conquista algo muito mais valioso que dinheiro: conquista atenção. E atenção é a moeda do século XXI.

Este livro é um mapa e, como tal, objetiva uma única coisa: te levar do ponto A ao ponto B. Ele não se importa com os arredores, com os detalhes e com os pormenores.

Meu objetivo aqui é desenvolver em você três capacidades – que talvez você nem saiba que tenha –, distribuídas em 42 lições. Quero fazer você entender que:

1. Escrita e linguagem são poder;
2. A sua audiência é mais importante que dinheiro;
3. As pessoas possuem necessidades, e a chave para o sucesso financeiro do seu negócio está em reconhecê-las e supri-las.

Pronto, é isso.

De tudo que vi e fiz nestes último doze anos de internet, guardo 42 lições sobre copywriting e marketing digital que foram fundamentais para o meu sucesso.

Hoje, depois de milhares de alunos, dezenas de clientes e alguns milhões de reais na conta, transfiro esse segredo para você.

Faça bom proveito e seja honesto. A nossa viagem começa agora. Que bom que você encontrou o seu mapa.

Um último aviso antes de começarmos a trabalhar

Como eu disse, este livro é um mapa. Não vou fazer você perder o seu tempo ouvindo a minha história. Ela está inteirinha contada na nossa escola de marketing, O Novo Mercado.

É lá que eu divido as minhas melhores técnicas, histórias e táticas para que pessoas, marcas e negócios alcancem os melhores resultados da internet. São mais de 160 aulas, divididas em diversos tópicos.

Já na página inicial tem um vídeo em que conto a minha história inteira. Se quiser conhecê-la em detalhes, é só dar o play. Caso contrário, siga a leitura que eu prometo não tomar o seu tempo.

Você pode ler uma lição por dia ou ler o livro do começo ao fim, sem parar para descansar. Tanto faz, é você que determina o seu ritmo.

Eu te peço apenas uma coisa: ao terminar, coloque em prática. Não seja mais uma dessas pessoas que coleciona livros para guardá-los na estante, depois de postar uma foto no *story* e um vídeo no YouTube.

Aqui estão reunidos conselhos e habilidades que me permitiram faturar alguns bons milhões de reais na internet, criar negócios que alcançaram mais de 15 milhões de pessoas, milhões de leitores e dezenas de milhares de clientes e alunos.

Caso ainda esteja se perguntando sobre o porquê de eu ter feito tudo isso em formato de livro, em vez de alguns vídeos e aulas, respondo: o texto corrido se fixa melhor na mente das pessoas do que o conteúdo gravado.

Para que um conteúdo se mantenha por mais tempo na memória, ele precisa ser lido e relido. E a verdade é que esta é a plataforma em uso mais antiga do mundo (a escrita cuneiforme em lousas de barro e a pedra lascada saíram de moda há alguns milênios) e é a única que ainda te permite, por exemplo, rabiscar livremente em volta do texto.

Aliás, não se acanhe: pegue um lápis ou uma caneta e torne este livro *seu*. Imprima nele a *sua* marca, as *suas* impressões, o *seu* caminho de aprendizado. E pense comigo: se fazemos isso há tantos milênios, é porque este método funciona, não é?

Um último aviso: caso você ainda não saiba direito o que é copywriting, sugiro que assista à aula 130 lá da nossa escola. É só acessar: <onovomercado.com.br>.

Você pode fazer isso de graça.

Eu espero – sinceramente – que este livro seja um instrumento de mudança na sua vida, na sua carreira e na história da sua empresa. E que as lições que eu passo aqui sirvam para desenvolver o seu negócio.

Agora, chega de papo e mãos à obra.

Ícaro de Carvalho, criador de O Novo Mercado

Apresentação

Vamos lembrar que copywriting não quer dizer apenas escrita. Estamos falando em discurso falado, pitches de vendas, cartas de vendas, funis de e-mail, descrições de produtos e linguagem visual. Copywriting lida também com a maneira como hierarquizamos as informações, seja na distribuição na página, seja na escolha do tipo ou do tamanho da fonte. Enfim, copywriting lida, acima de tudo, com *informação*.

Então, se você comprou este livro interessado apenas em uma fórmula para escrever melhor, tenho uma ótima notícia: aqui você vai aprender MUITO MAIS do que isso.

Copywriting serve também para fechar contratos melhores; elaborar peças mais eficientes; criar textos de anúncios e roteiros para vídeos de vendas... Enfim, é seguramente uma das ferramentas mais importantes para quem precisa apresentar, informar, convencer e converter – ou seja, transformar comparadores em compradores.

O livro é extenso: são mais de quarenta lições (ainda que bem enxutas, para que você possa estudá-las da maneira que seu tempo permitir). Teremos alguns módulos acessórios, além de discussões de questões práticas como posicionamentos, discursos nas redes sociais, fundamentos para escrever um bom texto e equilibrar parágrafos.

Enfim, tudo que você precisa para se tornar um escritor e um comunicador melhor está aqui.

> Copywriting lida também com a maneira como hierarquizamos as informações, seja na distribuição na página, seja na escolha do tipo ou do tamanho da fonte.

42 lições que ninguém ensina sobre copywriting e marketing digital

Lição 1
O surgimento do discurso persuasivo

Quando as pessoas começaram efetivamente a perceber que existiam formas e mecanismos de linguagem que tornavam mais fácil a exposição de ideias e o convencimento das pessoas?

Acredito que isso tenha acontecido milênios atrás, quando um empreiteiro convenceu o rei de Sinar a contratá-lo para a construção da Torre de Babel. Pensando bem, talvez tenha sido até muito antes, quando a própria comunicação verbal estava sendo desenvolvida e sofisticada pelos primeiros povos. O fato é que a linguagem é uma ciência e uma arte, muito parecida com a arquitetura, a matemática ou a engenharia: existem boas e más construções, e as boas construções valem mais, legam funções melhores e se mantêm de pé por mais tempo.

Falando em reis, por muito tempo os conselheiros mais próximos aos monarcas eram os bardos, os poetas, os filósofos, os humoristas, os curandeiros e, acima de todos esses, o clero – que sempre desejou manter sob si o poder advindo do monopólio da escrita antes da sua popularização.

Imagine quão caro era investir num escriba, uma pessoa treinada não apenas no bê-a-bá mais básico, mas também nos ofícios de pintor de iluminuras (aquelas figuras maravilhosas que emolduravam cada página de um livro, feitas com folhas de ouro e pigmentos raríssimos), de calígrafo, de cientista (as tintas não eram compradas prontas, mas preparadas todos os dias), de papeleiro (usava-se o pergaminho, que era uma pele de carneiro tornada extremamente fina por meio de um processo de cura muito complicado) etc.?

Não bastasse tudo isso, um monge escriba da Idade Média era uma mistura de redator publicitário e de copidesque. É óbvio que isso dava um tremendo poder a essa categoria profissional. A comunicação escrita era um baita luxo, que tornava aquela minoria de alfabetizados uma elite muito restrita de felizardos com acesso ao conhecimento. Para se ter uma ideia, muitos reis europeus daquele tempo eram analfabetos funcionais, ficando dependentes do clero culto até para redigirem um simples decreto.

Até que veio o senhor Gutenberg e derrubou todo esse *status quo* com a invenção da prensa móvel. Que, na verdade, ele nem inventou de fato, mas adaptou de algo que os chineses já usavam havia séculos: os carimbos. O livro barato possibilitou o acesso de mais pessoas à alfabetização e a disseminação do conhecimento para muito além das muralhas dos conventos. Uma revolução com tinta no lugar de sangue.

O filósofo britânico Sir Roger Scruton diz que se você não lê (livros, que fique bem claro), se está preso apenas à televisão e à internet, se só vive o tempo presente, e se desconhece sua história pessoal e a História da sociedade onde vive, então seu passado vira um porão escuro e desconhecido, que guarda coisas das quais você jamais poderá desfrutar. Para ele, ao viver apenas na ignorância do presente, você está irremediavelmente escravo de uma ditadura terrível. Tal como os camponeses da Idade Média, condenados a apenas existir e trabalhar sem parar até a morte.

O primeiro ponto a ser entendido e guardado na sua mente é: escrever bem serve para mais coisas do que a construção de uma carta de vendas ou de um funil de e-mails. Escrever bem te fará ler melhor. Ler melhor te fará absorver mais informações em uma quantidade menor de tempo. Com mais informações, você expõe seus produtos de maneira mais clara e interessante, vendendo suas vantagens de forma inteligível e direta. Resumindo, você atinge seus objetivos com larga vantagem sobre seus concorrentes.

Não vamos esquecer que hoje o consumidor está exposto a cerca de 8 mil estímulos de compras durante um dia. Você instala o Adblock no computador, mas abre o celular e é bombardeado por muitos anúncios. Então, sai na rua e vê mais propagandas em outdoors, totens, vitrines e cartazes. Entra no carro e liga o rádio, senta no cinema, dá um passeio pelo shopping, cai no sofá em frente à TV, e em todos esses momentos está submetido ao poder do marketing. É óbvio que esse bombardeio satura qualquer cérebro. E como nossa mente nos protege dessa tempestade de informação? Bloqueando-a. Cai tudo numa lata de lixo mental.

O fato é que quanto maior o número de estímulos de compra, mais o nosso cérebro os bloqueia. E toda aquela propaganda cai num vácuo eterno. Como aqueles panfletos que ganhamos na rua e jogamos na primeira lixeira (jamais no chão!) que aparece pela frente, sem nem nos darmos ao trabalho de ver qual é o produto oferecido.

Eu sei disso. Você agora sabe também. Mas isso não é nenhum segredo para quem já é do ramo. E há algumas técnicas que tentam driblar essa armadilha. Mas quantas delas realmente funcionam?

A primeira é a massificação. Se 99% dos panfletos que alguém distribui pelas ruas vão parar nas lixeiras sem nem sequer serem lidos, quem os mandou imprimir já sabe que só poderá contar com 1% da atenção do povão. Mas ele investe naquela modalidade de comunicação mesmo assim, porque acha que compensa atingir um em cada 99 passantes.

Essas técnicas até se adaptaram aos dias de hoje – já viram aqueles anúncios que ficam nos rodapés dos grandes portais de notícia, geralmente vendendo bobagens para emagrecer ou fazer crescer cabelo? – e funcionam razoavelmente bem desde o tempo do rádio. Acontece que já estamos entrando na segunda década do século XXI. Internet, minha gente! E isso mudou TUDO.

Copywriting é a melhor ferramenta e tem o melhor custo-benefício dentro do marketing de conteúdo para que você baixe o valor para a conversão de cliente, baixe o custo da impressão e baixe o custo por clique por meio de um texto atrativo e funcional. A origem do discurso persuasivo surge quando o homem percebe que se comunicar bem significa alcançar determinados objetivos – sejam eles objetivos de poder, de manutenção da ordem vigente, ou, no nosso caso, majoritariamente vendas, resultados, encantamentos, atração da atenção, enfim.

Independentemente do seu objetivo, escrever melhor e se comunicar melhor vai fazer com que você o atinja com mais eficácia, despendendo menos energia, de maneira mais elegante e sem estressar o seu lead com um tsunami de anúncios que muitas vezes não fazem sentido. A origem vem da necessidade, e a necessidade nunca foi tão grande quanto agora.

O fato é que a linguagem é uma ciência e uma arte, muito parecida com a arquitetura, a matemática e a engenharia: existem boas e más construções, e as boas valem mais, legam funções melhores e se mantêm de pé por mais tempo.

Lição 2
O escriba, o guerreiro e o bruxo

Eu não poderia começar este capítulo sem trazer uma citação de peso de um dos meus redatores e escritores favoritos do mundo pop: Alan Moore.

Não que eu seja um consumidor tão fiel de conteúdo pop, mas Alan Moore sempre me atraiu por ter um discurso e uma redação mais adulta que a da média. E também mais "pesada", mais contundente, sabe?

Existe um documentário sobre ele que eu recomendo que você assista assim que possível: *The Mindscape of Alan Moore*. Nele, o protagonista solta uma frase que definiu muito da minha vida como copywriter. Ele diz que "você deve temer mais a ira de um escritor, de um bardo ou de um poeta do que a ira de um guerreiro". Se você causa a ira de um guerreiro, ou mesmo a de um homem qualquer, qual é a pior coisa que ele pode fazer? Matá-lo? É uma atitude radical e perigosa para ambos, mas o fato é que, se ele te mata, seus problemas acabam no momento em que seu corpo cai no chão. E os dele apenas começarão (prisão, processo, condenação, cadeia, vergonha, arrependimento etc.).

Mas experimente irritar alguém que maneja as palavras como um samurai manejava sua espada. Você pode sair dessa experiência lamentando não ter irritado um ninja daqueles de seriado!

Escrever bem, seja qual for o seu objetivo – vender geladeira para esquimó ou injuriar um inimigo, dá no mesmo –, depende não apenas da escolha certa das palavras, mas de identificar previamente as dores daquele que você quer atingir. E quando eu falo em dores, isso se aplica tanto às dores psicológicas de um inimigo (afinal, você quer machucá-lo, né?) quanto às dores de um público que nem sabe que está aflito pelo produto que você vai lhes oferecer.

O copywriting nada mais é que esse processo de análise prévia do seu público e a tradução disso em frases construídas com o objetivo de capturar a atenção e a imaginação das pessoas, tirando-as da letargia da rotina e tampando a lixeira mental delas para manter a sua mensagem sempre visível.

Imaginem se Martinho Lutero tivesse pregado a lista das suas 95 teses não na porta da Igreja do Castelo de Wittenberg, por onde todos passavam, mas num poste ao lado da lixeira da cidade, onde ninguém quer ficar por muito tempo? Mal comparando, a escolha das palavras e de onde elas serão exibidas tem esse mesmo poder.

O que fazemos com o copywriting é isto: identificar qual lugar é melhor para servir de plataforma para uma mensagem. E também como ela deverá ser vista, por quem, por quanto tempo, e por aí vai. O grau de atenção do seu público-alvo e o caminho da informação que você oferece a ele dependerá disso tudo – se ela vai para a lixeira ou para o bolso.

Acabei de comparar a boa escrita com a arquitetura, mas há também uma boa dose de química nessa ciência. Tal como os velhos alquimistas, muitas vezes é preciso misturar essências e poções às escuras, correndo o risco de causar uma explosão no meio desse processo. Como já somos alquimistas de uma geração mais avançada, hoje temos conhecimento suficiente para evitar misturas perigosas. E sabemos até como obter alguns efeitos mágicos a partir dos vapores dessas misturas.

O bom texto tem o poder de transportar o leitor de um lugar para outro ou de lhe provocar reações físicas. Quem nunca sentiu um arrepio de angústia durante uma boa leitura? Ou mesmo foi às lágrimas com o que estava sendo descrito em um livro? Quando um escritor consegue provocar isso em seus leitores, ele passou com louvor na prova da escola de alquimistas das palavras. E, sim, você pode se tornar um Dostoiévski ou um Dumas, um Goethe ou um Machado de Assis do marketing!

Falando em bruxaria, vamos voltar a Alan Moore. Ele comparou as consequências de se irritar um cronista habilidoso e um guerreiro. Mas e se você irritar um feiticeiro? Bom, provavelmente ele lançará um feitiço contra você e sua família, com consequências imprevisíveis.

"Ah, mas feiticeiros não existem!"

Sim, meu caro leitor. Mas estamos falando da Idade Média, quando o que se acreditava ser mágica era, na verdade, autossugestionamento. E isso convencia as pessoas. Tanto que todos morriam de medo deles, embora muitos os procurassem em busca de cura ou de vingança contra um inimigo. Era algo tão consolidado naquelas sociedades que nunca faltava quem quisesse ser (ou melhor, bancar) um feiticeiro, mesmo correndo o sério risco de ser linchado pelo povo ou de ir parar numa fogueira, acusado de provocar a seca, a peste ou a fome.

Então novamente vou comparar o bruxo ao escriba. Se as consequências de um feitiço não passavam de autossugestionamento, tipo um "efeito placebo", as decorrências de uma narrativa bem formulada eram bastante reais. Imagine-se numa época na qual a honra era um bem maior, porque dela dependia a sua reputação diante de todos da aldeia, e uma desonra pessoal contaminava seu cônjuge, seus filhos, pais e irmãos? E se você não fosse apenas o ferreiro de sua cidade, mas o barão dela?

Quando se pensa em Maria Antonieta, a infeliz rainha da França durante a Revolução, lembramos imediatamente de sua frase "se não têm pão, que comam brioches". Esta frase lhe custou a cabeça, embora hoje se saiba que a pobre Maria

Antonieta nunca a disse. Uma *fake news* selou a sua morte e a forma como ela seria retratada pelos duzentos anos seguintes.

Por volta do ano 400 a.C., quando Aristófanes escreveu *As nuvens*, chamando Sócrates de tolo, ele talvez não imaginasse que aquele xingamento atravessaria os milênios, a ponto de ser citado no livro de um certo Ícaro de Carvalho.

Outro exemplo – talvez ainda mais esclarecedor do poder das palavras –: Marco Licínio Crasso foi um político e militar romano (chegou a ser o homem mais rico do Império) que, ao liderar uma campanha contra o Império Parta, cometeu um erro terrível na Batalha de Carras, que custou uma tremenda derrota a Roma e a sua morte no front. Tão humilhante foi aquela derrota e tão primário fora seu erro militar que "crasso" virou adjetivo. Mais de 2 mil anos depois de sua morte, ainda dizemos que Fulano cometeu "um erro crasso". Mais de 2 mil anos depois! Percebeu agora o poder das narrativas?

Nem o mais valente dos guerreiros luta para sempre. Assim como nem o mais poderoso dos feiticeiros é capaz de lançar uma maldição que dure trezentas gerações. Mas o bom redator tem a capacidade de vencer a barreira do tempo e manter as suas ideias vivas para sempre.

Você pode estar pensando que isso não dialoga com a sua realidade: "Caramba, quero ser somente um redator e esse cara vem me falar de gregos, bruxos e filosofia?".

Explico: se não tratarmos o seu preparo para a escrita neste nível de profundidade, o máximo que você vai ser capaz de fazer será uns headlines e uns títulos de propaganda. Você será alguém medíocre, um pixel perdido na multidão de cubinhos coloridos de outros redatores tão medíocres quanto você.

Sei que estou sendo repetitivo. Mas isso tem uma razão: porque preciso fixar isso na sua mente, tal como um bom texto de propaganda.

Você nunca vai entender a profundidade que uma escrita bem-feita é capaz de produzir no seu público. Falo de um estado hipnótico, de transe, para onde ele se transportará através da sua oferta; um momento em que ele reconhece o próprio estado de necessidade e diz "caramba, eu preciso muito disso". Lembre-se de Steve Jobs (preciso dizer quem ele foi?) dizendo ao mundo que "com esse iPod você vai poder guardar mil músicas aqui dentro", num mundo onde apenas sessenta anos atrás se ouvia música em discos de 78 RPM que só comportavam uma faixa de cada lado.

Não faltou quem dissesse naquela ocasião que "mil músicas é muita coisa, não preciso de tanto assim!". E, passados pouquíssimos anos, queremos (e podemos) andar com 2 mil, 3 mil músicas em nossos bolsos. Não precisávamos mesmo?

Se Steve Jobs ressuscitasse e fosse transportado para a Idade Média, certamente o acusariam de bruxaria e o tocariam para fora da aldeia com tochas e forcados erguidos. Mas o homem tinha qualquer coisa de feiticeiro mesmo: ele previa o futuro. Ou melhor: ele moldava o futuro ao antecipar tendências e necessidades que o mundo nem mesmo sabia que tinha.

Mais para a frente vamos analisar os grandes redatores publicitários modernos e como eles se tornaram capazes de antecipar tendências e de criar demandas por situações ainda inéditas, despertando à distância indivíduos até então distraídos diante de um televisor, de um livro ou de um smartphone, aparentemente empenhados apenas em matar o tempo e em se desligar do estresse da rotina.

O bom redator tem a capacidade de vencer a barreira do tempo e manter as suas ideias vivas para sempre.

Lição 3
A persuasão na História

Por definição, persuasão é o ato de convencer. Convencer outra pessoa, ou um grupo delas, sobre alguma coisa. Seus sinônimos são variados: aconselhamento, certeza, convicção, induzimento, instigação, sedução, sugestionamento e assim por diante.

Toda forma de comunicação deve possuir em si algum grau de persuasão. Mesmo quando formulamos uma sentença simples e aparentemente óbvia, tal como "o céu é azul", estamos aplicando persuasão no que dizemos. Afinal, o receptor da mensagem em questão pode ser ainda uma criança em formação, ou alguém que vê o céu à noite ou num dia chuvoso e não encontra nenhum traço de azul nele. Ou mesmo um cego. Então não importa quem seja o receptor da mensagem: você, o comunicante, deve buscar alguma forma de ascendência sobre o outro, a fim de *persuadi-lo* da veracidade de sua mensagem.

A capacidade de comunicação coletiva levou milênios até se tornar possível. Talvez a primeira forma de ampliar seu alcance tenha se dado pela via da percussão – alguém que bateu em um tronco vazio que ressoou as pancadas por um raio de algumas centenas de metros, transmitindo um código sonoro particular daquele pequeno agrupamento humano. Muito tempo depois veio a escrita, com as pancadas sendo substituídas por signos grafados em pedra ou argila – os bisavós do nosso atual alfabeto –, igualmente restritos a um pequeno número de iniciados naquela técnica.

Perceba que até mesmo nessas épocas primitivas a capacidade de persuasão já se fazia presente. Ora, o inventor da técnica de bater no tronco oco precisou convencer os outros de que uma pancada significava "está tudo o.k.", duas pancadas significavam "perigo" e três pancadas longas e duas curtas significavam "amanhã tem futebol depois da colheita".

A persuasão esteve por trás de toda forma de linguagem humana, mas também da comunicação animal. Ou você nunca percebeu que quando um cão late de forma agressiva, outros cães sabem que não devem se aproximar dele?

Assim, todo ato de escrever e de falar carrega em si esse elemento básico. E quanta coisa a humanidade não teve de inventar até chegarmos à nossa era, com uma infinidade de profissões cujo escopo é comunicar (e convencer) as massas sobre a importância de praticamente qualquer coisa?

O publicitário é um herdeiro de tudo isso. No DNA da carreira podemos encontrar o batuque dos hominídeos, as pinturas rupestres, a escrita cuneiforme, os pergaminhos, os carimbos chineses, a prensa de Gutenberg, as rotativas a vapor, o rádio, o cinema falado, os jingles da televisão ao vivo... Tudo isso constitui a base de nosso trabalho, amarrado pela palavra que sustenta toda essa explanação: a tal da persuasão.

E enquanto os Steves Jobs da vida vão criando novas plataformas de conteúdo e de difusão de ideias, nós, os publicitários, temos de traduzir essas novidades em novas técnicas de persuasão. Até bem pouco tempo, para se fazer uma peça publicitária bastava poder de síntese e uma descrição bem clara do produto a ser vendido: "Diga conosco: Lu-go-li-na. Para a cura das moléstias da pele, feridas, frieiras, suor dos pés e nos sovacos, evita as rugas da velhice e faz desaparecer as manchas da pele. Preço: 3 mil cruzeiros". É bem provável que você não faça ideia do que foi a Lugolina, então pare tudo e dê uma procurada no Google. Foi uma propaganda famosíssima do século passado.

Acredite! Isso era eficiente para caramba em 1918, quando visto numa lateral de bonde! Mas, hoje em dia, como não existem mais bondes e a palavra "sovaco" meio que se tornou indelicada, um "reclame" como esse é cômico. Mas garanto que sua bisavó se deixava persuadir por isso.

E insisto: um anúncio de hoje dificilmente persuadiria sua bisavó caso ela o visse. Porque de cem anos para cá mudaram não apenas a linguagem, o vocabulário, as plataformas de divulgação e até a moeda corrente, mas principalmente as mentalidades. Ninguém mais quer admitir que está sendo submetido a um ato de persuasão propagandística. Se figuras como o mago, o escriba e o soldado ficaram na Idade Média, as antigas garotas-propaganda que eram vinculadas para sempre ao mesmo produto já são um modelo ultrapassado.

Você praticamente não escuta mais palavras como "compre" em uma propaganda. O bom publicitário não ordena ninguém a comprar seu produto. Ele sugestiona, convence e instiga. Se sua bisavó entrasse no DeLorean e desembarcasse em nossa era, ela veria trinta segundos da Marina Ruy Barbosa de biquíni seduzindo o Keanu Reeves em uma praia caribenha, e o nome "Lugolina" só apareceria nos três segundos finais. Hoje isso nos basta, e 1 milhão de mulheres compraria na mesma hora o produto na esperança de ter a pele da Marina ou a atenção do Keanu. Ao passo que sua vovozinha não entenderia nada e, consequentemente, ignoraria a mensagem.

Isso se explica também pelo fato de vivermos na era mais próspera e segura da história humana. Nunca tivemos tantas coisas por tão pouco. Mesmo os cidadãos mais pobres de um país em desenvolvimento podem, com algum esforço, consumir mais calorias num dia do que Cleópatra consumia em uma semana. Bens como roupas, que usamos e descartamos às toneladas ao longo de nossa vida, num passado não muito distante atravessavam gerações, sendo legadas via testamento por seus antigos donos.

E, com a abundância, surge o que chamamos de paradoxo da escolha. É aqui que a gente começa a introduzir a figura de um novo intelectual, um novo mago das palavras, alguém que possui conhecimento suficiente para fazer as pessoas tomarem atitudes geralmente envolvendo a compra e a sua fidelização a determinado produto. A persuasão na História evolui da era dos cronistas para a ascensão do comunicador moderno, que possibilitou a criação de genialidades como a indústria do entretenimento, mas também o aparecimento da propaganda voltada para o mal absoluto, da qual o infame Joseph Goebbels é o maior símbolo.

No DNA da carreira de publicitário podemos encontrar o batuque dos hominídeos, as pinturas rupestres, a escrita cuneiforme, os pergaminhos, os carimbos chineses, a prensa de Gutenberg, as rotativas a vapor, o rádio, o cinema falado, os jingles da televisão ao vivo… Tudo isso constitui a base de nosso trabalho, amarrado pela palavra que sustenta toda essa explanação: a tal da persuasão.

Lição 4
Locos, si, pero no tontos!

A escrita persuasiva moderna é caracterizada por uma maneira diferente de encaixar as ideias. Nas eras antigas, nas quais um livro era um artigo de luxo, muitas vezes era necessário ao leitor memorizar o texto para apreender melhor seu conteúdo ou para transmiti-lo em discursos e aulas. Eram exercícios mnemônicos que hoje se tornaram obsoletos. No entanto, como forma de exercício mental, talvez ajudasse muito retomá-los.

Esta foi uma situação que durou literalmente milhares de anos, até surgirem os primeiros aparatos de gravação. E com a entrada em cena dos gadgets da informática, atrofiamos nossa memória graças à comodidade proporcionada por aparelhinhos cada vez menores e mais poderosos.

Tudo isso serviu para mudar tanto a forma como memorizamos as informações quanto as maneiras como elas nos são apresentadas. É como no exemplo da Lugolina. Ou, melhor ainda, usando um exemplo futebolístico, foi como sair da era "romântica" do esporte, aquele papo de futebol-arte, para cair no atual futebol aguerrido, técnico e objetivo. Aqueles que viram "monstros sagrados" em ação, como Pelé, Garrincha, Nílton Santos, Rivelino ou Zico, decerto estranham e até rejeitam o futebol praticado hoje pelos Messis e Neymares da vida. Pode não ser tão "bonito" quanto antigamente, mas o fato é que o futebol de hoje fatura centenas de vezes mais do que faturava nos "áureos tempos". Ou seja: feio ou bonito, ele segue sendo persuasivo.

A escrita persuasiva evoluiu dessa mesma maneira. Até mesmo no jornalismo. Pegue uma matéria do século passado e constate por si próprio: era uma escrita prolixa, estética, romântica, intelectualizada e cheia de referências. As grandes revistas, com quatro colunas de texto por página e uma ou outra foto (na maior parte das vezes em preto e branco) seriam ilegíveis para o público consumidor de hoje. O mesmo ocorria com a propaganda. O que valia era o texto descritivo, seguindo esse mesmo padrão da redação jornalística. Todas as promessas de um novo modelo de carro tinham de ser verbalizadas. Não apenas as características técnicas (quantos cavalos no motor, material do estofamento, tipo do rádio, quantos mostradores havia no painel, tamanho do porta-malas), mas também os ganhos subjetivos (se era um carro com perfil esportivo que te deixava mais bonito ou um utilitário para quem vivia no campo). Deitar falação era a regra. A ponto de um dos maiores publicitários daqueles tempos, David Ogilvy, dizer que "quanto mais você fala, mais você vende". Nada contra o grande Ogilvy, mas hoje isso soa tão antiquado quanto o vendedor de *"snake oil"* do Velho Oeste.

Vamos voltar ao século XXI. Você está correndo os olhos pelo Facebook em seu smartphone. Quanto tempo você perde, em média, em cada post? Segundos! Quando alguém comete o erro (sim, o erro) de escrever um texto muito longo, é mais do que comum vermos o próprio autor se desculpando de antemão: "Desculpem-me pelo textão, mas...". E essa é a hora em que rolamos o *scroll* para baixo.

Mas, e se em vez de estar contando a última gracinha do seu filho você estiver tentando vender algo pela rede social? Como prender a atenção de seu potencial comprador numa única mirada de três segundos? Pense nisso.

Cartas de vendas específicas ou roteiros de vídeo, se você parar para pensar, são uma grande peça escrita com cinco ou seis horas, mas que, na verdade, está sendo falada. Isso é copywriting! Copywriting também pode ser falado, não apenas escrito. Dessa forma, a escrita persuasiva evolui para cumprir e preencher a maior demanda da sociedade atual: tempo.

É mais do que comum ouvirmos por aí o clichezão de que estamos em plena Era da Informação. Esqueça isso! A verdadeira Era da Informação já passou para mim e para você: ela foi vivida quando estávamos na escola e tínhamos todo o tempo do mundo.

Hoje vivemos na Era da Atenção. E as redes sociais são as grandes culpadas disso. "Culpadas" porque não significa que a Era da Atenção, embora nova, represente necessariamente uma evolução. Já mostrei como as facilidades tecnológicas foram nos tornando menos atinados, mais distraídos e menos capazes de memorizar as coisas. E a Era da Atenção é, paradoxalmente, a Era da Distração também. Nos distraímos com a maior facilidade, quase nada é capaz de segurar nosso foco por mais do que alguns segundos e vivemos uma epidemia de hiperativos com déficit de atenção. Não é à toa que a Ritalina – droga psiquiátrica que estimula a concentração – já é mais vendida que o Viagra (preciso explicar do que se trata?).

Quer ter uma prova de como a Era da (Des)Atenção se apresenta e se perpetua? Compare os primeiros desenhos animados (os clássicos *Pica-Pau*; *Tom & Jerry*; os da Looney Tunes; *Popeye* etc.), produzidos nas décadas de 1940 e 50, com os cartoons da segunda geração (basicamente os da "grife" Hanna-Barbera: *A Turma do Zé Colmeia*; *Os Flintstones*; *Scooby-Doo* etc., todos dos anos 1960 e 70). Na primeira fase, a trilha sonora era toda instrumental, cheia de referências às grandes obras eruditas ou ao jazz. Já na segunda fase, o que se ouvia ao fundo era rock. Nos pioneiros, cenários elaboradíssimos e riqueza de movimentos (tudo pintado frame a frame, à mão mesmo!). Nos seguintes, cenários minimalistas e personagens com movimentação limitada.

Citei o exemplo dos desenhos animados porque eles têm sido um item essencial na formação cultural de crianças e adolescentes há quase um século. E até a virada do ano 2000, pelo menos para um moleque brasileiro, isso era tudo que as TVs nos ofereciam – fora os desenhos japoneses.

Eis que chega a internet e nos traz todo um novo mundo de produções, agora inteiramente digitais, com uma riqueza gráfica desbundante e enredos totalmente diferentes do eterno gato *versus* rato (ou coiote *versus* papa-léguas; ou Guarda Smith *versus* Zé Colmeia...). Mas eu quero que você tente comparar a mente de um menino criado assistindo ao Tom tocar no piano a "Rapsódia húngara nº 2", de Franz Liszt, com a da criança criada com doses cavalares de *Yin Yang Yo!*.

Não há como comparar. Os cartoons atuais emitem uma quantidade de informações (ruídos, cores e movimentos) tão intensos que já houve até um caso coletivo de ataques convulsivos causados por um episódio de *Pokémon*.

Essa intensidade de estímulos não se limita aos desenhos animados, mas começa a ser ministrada na garotada desde muito cedo. E quem é pai (como eu) sabe o poder hipnotizante que uma animação exerce sobre uma criança. Eu realmente não sei como a humanidade conseguiu chegar até o século XXI sem um tablet com "Baby Shark" (du-du-du-du-du-du) para cada pequeno *Homo sapiens*. Sei que estou criando dois pequenos ansiosos em meu lar, que ultrapassarão de longe o nível diário de ansiedade de seus pais, sempre à espera dos dois *checks* azuis no WhatsApp e incapazes de tolerar uma mensagem com mais de um parágrafo.

Parece loucura? Pois saiba que é loucura mesmo! Mas é para esse bando de loucos que estamos nos preparando para vender nosso produto. Então trate de enlouquecer com moderação, sem jamais perder de vista a inteligência.

A Era da Atenção é, paradoxalmente, a Era da Distração também. Nos distraímos com a maior facilidade, quase nada é capaz de segurar nosso foco por mais do que alguns segundos e vivemos uma epidemia de hiperativos com déficit de atenção.

Lição 5
As lições que David Ogilvy me deu

E voltamos a esta figura capital para o nosso estudo. O "Mago". O "Pai da Propaganda". O mais famoso dos publicitários do mundo inteiro, cujo nome virou sinônimo de divulgação.

Pois sabe onde o maior vendedor de todos os tempos iniciou sua jornada gloriosa? Numa cozinha, pilotando panelas. Manjou tanto do negócio que saiu da cozinha para vender fogões.

O início da carreira do "Mago" é fantástico, mas não teve nenhuma mágica: o pai de David era um homem que prezava a cultura e que soube educar muito bem o filho. Tanto que, apesar de pobre, David pôde frequentar a mítica Universidade de Oxford graças a uma bolsa de estudos dada a alunos com currículo excepcional.

"Frequentar" porque, apesar de grato pela bolsa, David um dia simplesmente abandonou o curso de história e foi para Paris. Foi lá que o jovem erudito se tornou cozinheiro de hotel, para apenas um ano depois largar tudo de novo e virar vendedor de fogões na Escócia. E logo chamou a atenção de sua chefia pela forma como se exprimia. A pedidos, juntou os conhecimentos do cozinheiro com os do ex-aluno de Oxford e criou um manual de vendas para os demais representantes da marca. Um trabalho tão bem-feito que, trinta anos depois, jornalistas da revista *Fortune* o elegeram como o melhor manual de vendas já escrito em todos os tempos.

Sua mágica se explica de uma maneira muito simples, quase aritmética: inteligência + audácia = sucesso.

Ogilvy morreu em 1999, mas segue servindo de exemplo para todo profissional envolvido com algum tipo de atividade publicitária. Então, se você quer ter um herói para sua carreira, faça como eu e escolha David Mackenzie Ogilvy.

Das muitas frases dele, houve uma em especial que mudou a minha vida: "Títulos são iscas para curiosos. Use-os para capturar leitores que estejam procurando um produto semelhante ao que você esteja anunciando".

Preciso dizer que ela está presente em todas as minhas atividades profissionais. Se você acompanha minhas redes sociais há algum tempo, então certamente deve ter notado uma mudança de estilo nos meus textos. E, se tiver prestado um pouco mais de atenção, deve ter percebido até o momento em que essa mudança se deu, entre 2015 e 2016. Pois foi exatamente nessa época que comecei a aplicar a lição contida na frase de David Ogilvy.

A partir dali, meus textos se tornaram mais enxutos, mais direto ao ponto – em resumo, foi a sentença de morte do "textão" –, e isso fez toda diferença nos feedbacks que passei a colher a partir daí. Passei a pescar muito mais peixes com meus textos curtos e objetivos. Mudar de estilo foi como deixar de pegar peixe com vara para apanhá-los com uma rede. E por quê? Porque os textos passaram a ser mais eficazes, funcionando como várias iscas ao mesmo tempo, pulando e brilhando na frente dos meus consumidores.

No entanto, quando falo sobre isso com amigos e alunos, sempre tem um para retrucar mais ou menos assim: "Mas, Ícaro, as pessoas têm avidez por tudo o que você escreve. Elas vão ler qualquer coisa que você publique, seja longa ou curta".

Daí eu tenho que explicar que isso até pode acontecer com aqueles que já me conhecem há mais tempo, que já assistiram a alguma aula minha e que criaram um vínculo comigo e com minhas ideias. Só que eu tenho que olhar para a frente, lançar a minha rede sobre outros cardumes e pescar novos peixes. E tenho apenas trinta segundos para capturar um novo seguidor. São os trinta segundos nos quais a minha isca terá que aparentar ser a mais gorducha e saborosa de todo o oceano.

Para quem foi criado lendo livros e criando um arcabouço cultural de fato profundo, ser breve pode ser uma tarefa aparentemente impossível. Mas, como quase tudo na vida, essa é uma dificuldade passageira, que se resolve com exercícios. Vou lhe propor um que funcionou muito bem comigo.

Apanhe uma ideia sua, qualquer uma mesmo, e ponha-a no papel. Não se preocupe com o teor dela, porque isso não importa. O importante mesmo é saber colocá-la livremente no papel. Libere sua mente e derrame o fluxo de ideias. Uma vez que você tenha colocado tudo por escrito, releia com atenção aquilo que redigiu e conte quantas palavras há.

Agora reescreva o texto até chegar à metade da quantidade original de palavras. Ou melhor, vá cortando palavras e frases que não façam falta na exposição das ideias. Aja como um jardineiro que poda os galhos maiores de uma árvore para obrigá-la a crescer sempre para cima, e não para os lados.

E, se você foi capaz de enxugar 50% de seu texto, por que não drenar mais 50% de palavras desnecessárias? O importante é que você nunca perca de vista a essência da sua redação. Ou melhor: você tem que se ater ao produto que está tentando vender com esse texto. A ideia é o produto.

Acredite em mim: isso não é difícil. Aliás, é algo que você passará a fazer instintivamente. Sua mente se condicionará a se exprimir de forma mais sucinta e seus textos futuros já sairão encurtados e objetivos.

Carlos Drummond de Andrade, poeta brasileiro que dispensa maiores apresentações, certa vez criou um aforismo que se tornou um dos mais famosos da literatura: "Escrever é a arte de cortar palavras". Veja que ele levava essa lição tão a sério que até para emiti-la foi preciso, elegante e simples.

Voltando ao nosso objeto de análise desta lição, David Ogilvy, há dois livros dele que você deve comprar e ler "para ontem". São eles: *Confissões de um publicitário* e *Blood, Brains and Beer*. Este último nunca foi traduzido para o português, então, se você não sabe ler em inglês... corra até o cursinho mais próximo! Na publicidade, como em qualquer outra carreira, desconhecer inglês é se permitir uma limitação inaceitável. Não é elitismo, é apenas um fato da vida: muito do que há de importante foi escrito em inglês. E o que há de importante que não foi escrito em inglês certamente foi traduzido para o inglês em algum momento da História. Então: aprenda inglês! Isto é uma ordem!

Em um de seus livros, Ogilvy deixou outra lição da qual extrairemos muitos ensinamentos: "Na média, para cada cinco pessoas que leem os títulos dos meus anúncios, apenas uma lê o texto todo. Isso quer dizer que, quando você escreve o seu título, está gastando oitenta centavos para cada dólar que você possui".

Para ressaltar (ainda mais) a importância do título, a melhor metáfora que encontrei foi a seguinte: é como paquerar uma gata numa balada. Abordá-la com um mero "Oi, tudo bem?" é jogar os oitenta centavos do seu único dólar no lixo. Lembrando que faz muitos anos que uma bebida custa bem mais que um dólar – acho que agora você realmente dimensionou a importância do título, não?

Não sei como David Ogilvy se saía nas baladas de Londres e de Paris no seu tempo. Mas sei como ele se saiu na sua carreira profissional: feito um matador.

O importante é que você nunca perca de vista a essência da sua redação. Ou melhor: você tem que se ater ao produto que está tentando vender com esse texto. A ideia é o produto.

Lição 6
O Clube da luta e do bom exemplo

Já falei sobre a importância da cultura na sua formação. Mas é preciso falar mais, pois esse é um elemento essencial na vida de qualquer profissional. É na cultura que você encontrará aquele diferencial que o fará se destacar e emergir do meio da multidão.

Então vamos começar pela definição do que é cultura. Esse termo deve ser um dos mais abrangentes de qualquer idioma. Basicamente, cultura é tudo: o conhecimento, a arte, as crenças, as leis, a moral, os costumes e todos os hábitos e aptidões adquiridos pelo ser humano, significando todo conjunto de ideias, comportamentos, símbolos e práticas de uma sociedade. A cultura é o que nos torna indivíduos num plano coletivo e o que nos habilita a viver em coletivo num plano individualista.

Busca-se – e encontra-se – a cultura basicamente pelos estudos. Mas ela também é adquirida pela convivência. Buscar as companhias de pessoas mais experientes é uma forma de absorver cultura. É por isso que se costuma jogar o estagiário no meio dos veteranos (com todas as dores que isso acarreta), para medir a sua capacidade de captar as experiências dos mais velhos.

No entanto, do estudo você não escapará, e eu já disse aqui qual é o primeiro portal a ser atravessado: o da leitura ávida e incessante. Depois vêm a educação formal, os cursos (já falei que você tem de aprender inglês?), as certificações etc.

Mas o mais interessante da busca por cultura é que ela não termina nunca. Nunca houve nem nunca haverá estudioso digno desse título que dirá "finalmente sei tudo". Então, seja para conquistar alguém em que você esteja interessado, seja para criar o título perfeito para seu texto, seja para conseguir seu primeiro estágio, seja para o que for, tudo dependerá da sua capacidade de demonstrar uma superioridade intelectual.

Cultura é conhecimento, e conhecimento se adquire e também se cria. Mas ninguém cria conhecimento sem ter um estoque de saberes prévio. Foi o caso de outro pioneiro: Claude C. Hopkins, cujo livro *A ciência da publicidade* serviu de aprendizado até mesmo para David Ogilvy.

Apenas para fazer uma breve introdução, foi Hopkins quem passou a submeter a criação das propagandas a pesquisas de mercado que pudessem determinar como elas seriam feitas e veiculadas. Hopkins também foi o primeiro a fazer experiências com padrões científicos (daí o título de seu principal livro) com suas criações. Por exemplo, ele fazia duas peças diferentes de um mesmo produto e publicava ambas para testar a receptividade de cada uma, e assim ir criando padrões para as campanhas seguintes. E isso evoluiu para pesquisas populares com amostragens, que passaram a determinar não apenas como um produto deveria ser vendido, mas até mesmo a forma como ele era produzido, embalado e utilizado. Há cem anos!

Em resumo, sem cultura você não vai longe. E voltei a bater nessa tecla porque agora vamos falar do campo em que sua cultura mais será testada e aplicada: na escrita.

Não sei qual é a sua pretensão profissional, ou mesmo a área em que você já atua. Mas isso não tem importância. Não importa se você é ou será publicitário, redator, advogado, engenheiro, manicure, médica, dono de carrocinha de cachorro-quente, babá... O que importa é que quem sabe escrever bem sabe se comunicar bem por outras vias. Principalmente a oral.

E se isso ainda não é motivo suficiente para tirá-lo de onde você estiver e fazê-lo ir correndo a uma livraria para comprar mais e mais livros (lembrando sempre de pelo menos terminar de ler este aqui), então apresento outra razão: escrever bem faz um bem danado para o ego.

É simplesmente delicioso ser reconhecido como um bom escriba. Eu adoro! Sim, sou vaidoso, e assumo. E muito da minha vaidade vem de perceber que os muitos anos passados enfiado em livros, absorvendo cultura, se traduziram em sucesso profissional e em reconhecimento do público. E isso me empurra para continuar a escrever mais e mais, e a colher mais sucesso e mais reconhecimento na mesma proporção. Foi incrível o dia em que, durante uma palestra, uma moça da plateia me perguntou: "Ícaro, quando você percebeu que era um grande escritor?".

E olhe que eu nem me julgo um ESCRITOR. Tenho certeza de que sou um publicitário qualificado, um bom comunicador, mas, escritor, *ainda* não. Me autointitular escritor seria me colocar na clave de grandes nomes da ficção. E isso, quem sabe, só daqui a alguns anos, com mais leitura e mais trabalho.

Mas o fato de a mulher ter usado a palavra "escritor" fez bem à minha vaidade, porque recompensou os meus esforços passados. E também o meu empenho presente em apresentar textos fluidos, simples, claros e objetivos, sem fru-frus.

Algumas pessoas têm a tendência de "perfumar" demais seus textos. E isso só serve para deixá-los insuportáveis, tais como pessoas que se banham em perfume. De cada dez textos medíocres que leio por aí, textos de marqueteiros, de redatores publicitários e demais modalidades, pelo menos oito são medíocres justamente por serem "caprichados" demais e deixarem claro que seus autores quiseram mostrar de uma vez tudo o que sabiam.

É o mesmo fenômeno que se vê muito claramente entre jovens bacharéis de direito. O menino ou a menina acabou de sair da faculdade e usa latim até para pedir um cafezinho na padaria. É "outrossim" pra cá, *"data venia"* pra lá, tudo para ostentar uma profundidade que todos sabemos que não existe. E pior ainda: tudo para criar um distanciamento arrogante entre emissor e receptor. Vai por mim: não seja essa pessoa.

Palavras difíceis não conferem autoridade a ninguém. Palavras difíceis apenas criam distanciamento. Lembre-se: a leitura é um ato de transe. Para ler alguma coisa, o leitor descola sua mente do mundo real para o universo das suas construções verbais. Se você atira seu leitor num mundo árido e incompreensível, a primeira coisa que ele fará será apanhar sua nave espacial de volta para a Terra, ignorando tudo o que você desejava comunicar. E se seu trabalho exige de você uma comunicação direta e reta (caso da publicidade, acima de todos), entregar um texto repolhudo é colocar a própria cabeça na guilhotina.

Falando em escritores de verdade, há um livro de ficção que pode te ensinar tanto quanto um livro técnico. É o clássico *Clube da luta*, de Chuck Palahniuk. Sim, o roteiro do filme de mesmo nome foi baseado nesse romance. E, tal qual o filme, é um livraço, em que, além de se divertir com uma história intrigante, você também vai aprender como se escreve para publicidade. Porque *Clube da luta* é um livro composto exatamente nos termos que estou transmitindo aqui como os ideais para a redação publicitária. É cru, brutal, sincero e tem aquele *punch* que atinge no lugar certo para te deixar tonto. Quer escrever bem para propaganda? Copie Chuck Palahniuk.

Sim, você leu certo. Eu disse "copie". Todo grande redator ou escritor começou imitando alguém, até chegar sozinho ao seu estilo próprio, misturando suas cópias com as cópias de outros bons escribas. Estamos falando aqui da sua formação, do encontro da sua fórmula particular. E toda mistura pressupõe elementos preexistentes para a criação de algo novo.

Pense num estudante de arte. Veja como ele copia as obras dos grandes mestres ao longo de todo curso. Quem nunca viu uma sala de aula de artes onde os estudantes se sentam ao redor de uma estátua ou de um modelo vivo e o copiam a lápis ou com argila? Mas eles não estão aprendendo a simplesmente copiar estátuas e gente nua. Eles estão treinando a mão para serem capazes de, mais tarde, criarem suas obras sem a necessidade de modelos. Com a escrita – que também é uma forma de arte – vale o mesmo princípio.

Então fique atento. Copiar não significa dar Ctrl+C Ctrl+V num texto e assinar como seu. Copiar é se inspirar no estilo de alguém e imitá-lo, e você fará isso apenas como exercício. Jamais como trabalho. Você só deve trabalhar com seus textos depois que o exercício de copiar um modelo já tenha originado um estilo particular seu. Plágio, além de profundamente antiético, é crime.

Entenda isto como um exercício: aplique o estilo de *Clube da luta* na narração do seu storytelling, na história da sua empresa e da sua marca; corte as palavras compridas e complexas; simplifique os raciocínios, estabeleça sentenças com oito a dez palavras e parágrafos com três ou quatro linhas no máximo e pronto. Seu texto certamente estará bem próximo da perfeição.

A cultura é o que nos torna indivíduos num plano coletivo e o que nos habilita a viver em coletivo num plano individualista.

Lição 7
Prodígios e fracassos

Eis uma figura comum tanto da ficção quanto do jornalismo: a criança-prodígio que em idade muito tenra já é capaz de fazer algo dificílimo até mesmo para adultos normais. Sim, elas existem e estão por aí nos encantando com suas capacidades extraordinárias de tocar piano, resolver equações matemáticas e decorar os nomes científicos de dinossauros.

Mas o que você talvez não saiba é que a maioria absoluta das crianças prodigiosas não se transforma em adultos superdotados. Por quê? Há muitas razões, e eu vou discorrer apenas sobre algumas delas.

A primeira, descoberta mais recentemente, é que praticamente todas essas crianças que apresentam um desempenho extraordinário em algumas áreas do conhecimento humano têm também enormes dificuldades em outras áreas. Então temos meninos e meninas capazes de entender e discorrer sobre história no mesmo nível de um doutor acadêmico, mas que não sabem – e são incapazes de aprender – nem o básico de matemática (que outras crianças da mesma idade dominam com facilidade). Isso decorre de um fenômeno ainda em estudo pela ciência: uma série de transtornos mentais que alguns médicos ainda inserem no âmbito do autismo, enquanto outros já pensam em qualificá-los noutra ordem de problemas.

Outra questão com as crianças-prodígio é que elas crescem numa bolha de superproteção, acreditando que serão tratadas como especiais ao longo de toda a sua vida. Mas o que é bonitinho num menininho é banal num adulto. E essas ex-crianças-prodígio agora têm de competir com adultos –

muito mais bem preparados mentalmente do que aquele ser tornado imaturo pelo seu próprio brilho inicial.

E a verdade é que crianças-prodígio não são tão raras assim. Há muitas, em todas as áreas da cultura universal, mas quase nenhuma delas é dotada de algo que somente a vivência adulta nos dá: capacidade criativa.

Então podemos encontrar com relativa facilidade meninos e meninas que com quatro aninhos sabem tocar toda obra de Wolfgang Amadeus Mozart no piano. Mas encontrar uma capaz de compor como Mozart compunha aos quatro anos, aí sim é raro. É raríssimo. Praticamente impossível.

Em suma, o recado aqui é o seguinte: não existe escola mais eficiente do que a vida. Escrever, pintar, compor e calcular como um adulto não faz de uma criança um adulto. Aprende-se com a vida nos bons, mas principalmente nos maus momentos. Essa é a mais dolorosa e também a mais competente das didáticas, pois nos transmite maturidade.

Sofrer a perda de um ente querido ou a traição do ser amado, levar ou dar uma surra, ir à falência, ser assaltado, enfrentar uma doença grave, tudo isso são coisas que não desejamos e que devemos evitar a todo custo. Mas dificilmente escaparemos delas no decorrer de nossas existências. Todas nos farão sofrer demais, mas também nos deixarão mais resistentes, resilientes e, acima de tudo, experientes – dons que os vencedores da vida têm de sobra.

Se você quer adquirir esses dons sem passar pelo sofrimento, ou mesmo como forma de se "vacinar" para os momentos em que o sofrimento chegar, uma estratégia segura é conviver com pessoas mais velhas. A chance de alguém com mais idade que você já ter passado por pelo menos um desses perrengues já citados é bem grande. E, ao conversar com essas pessoas, você entenderá que é possível sobreviver a quase tudo e sair mais forte da experiência.

Todo ser humano vivo é um vencedor. Não importa se a prova dele foi leve, mediana ou pesada. O fato é que todo indivíduo (e isso inclui você) já passou por alguma prova. E saiu dela. Então, se você tem a chance de ser amigo ou mesmo de apenas bater um papo com pessoas cujas biografias incluam, por exemplo, ter sobrevivido a um câncer, a um acidente grave, à guerra, à fome, à pobreza extrema ou a um regime autoritário, você extrairá em poucas horas de convivência uma quantidade de lições que escola formal nenhuma do mundo seria capaz de lhe dar.

"A dor é inevitável. O sofrimento é opcional." Outra frase que expressa bem o que penso. Existe vitória até na derrota. Basta saber extrair da dor a lição certa para sua próxima prova.

Grandes vencedores na vida devem nos servir de exemplo, mas jamais de parâmetro. É excelente admirar o homem ou a mulher que partiu do nada e se tornou bilionário. Mas eu e você sabemos que as chances de também se tornar um bilionário são muito pequenas. Se isso não acontecer, você não deve se frustrar e desistir de lutar pela sua prosperidade. Abaixe um pouco o seu sarrafo e conquiste o que está destinado para você. E mais: as melhores lições não estão nas histórias de sucesso, mas nas de fracasso. Até porque mesmo as histórias de sucesso são uma sucessão de pequenos fracassos que também serviram de aprendizado para a decolagem final.

Como escritor, não acredito que vá vender tantos livros quanto Paulo Coelho ou que meu nome será imortalizado nos cânones da literatura universal como o de Machado de Assis. Me darei por muito bem-sucedido se souber que meu livro causou um impacto positivo nas carreiras de parte dos meus leitores.

E isso é o sucesso. Sucesso é atingir seu objetivo com plenitude, seja ele grande, médio ou pequeno.

E por falar no "Mago" Paulo Coelho, vamos voltar às lições do "Mago" David Ogilvy. Em um de seus livros, ele afirma o seguinte: "Sou da teoria de que as melhores propagandas foram aquelas que derivaram da experiência pessoal. Algumas das melhores que eu já fiz vieram das minhas vivências".

 E é por isso que uma das coisas de que eu mais gosto é de ouvir gente. E, com base nisso, criar um mapa mental de aspirações, realizações, erros e acertos da média das pessoas. É para elas que escrevo.

Sucesso é atingir seu objetivo com plenitude, seja ele grande, médio ou pequeno.

Lição 8
A exceção que confirma a regra

Ah, o poder do humor...

Vamos partir da esfera mais individual: quem suporta uma pessoa permanentemente ranzinza? Alguns o fazem apenas por obrigação ou interesse, mas a verdade é que a companhia de pessoas mal-humoradas chega a ser tóxica.

Humor é leveza, alegria, e é também irreverência, deboche e até arma. Os velhos romanos diziam que *"ridendo castigat mores"* – "o riso corrige a moral" –, no sentido de que o poder cáustico do riso afeta até as mais altas esferas do poder. E os põem na linha. Que político não foi objeto de cartunistas, imitadores e sátiros? Humor é poder. E humor vende. Mas vende muito, cara!

Em inglês existe outra expressão: *"Tongue in cheeks"*. Traduzida para o português, ela não faz muito sentido: "Língua nas bochechas". Mas o que ela significa é um pouco mais fácil de ser compreendido: diz-se daquela afirmação sarcástica que não deve ser levada ao pé da letra. Talvez a palavra francesa para a mesma situação – *blague* (que até foi incorporada pelo português) – seja mais elegante e precisa.

Portanto, para o bem de seus relacionamentos interpessoais, faça como naquela velha música cafona e "sorria, meu bem, sorria". E vá além: ria, gargalhe e faça com que os que estão à sua volta compartilhem de suas alegrias.

No entanto, na hora de criar um texto, pense bem nessa questão do humor: ele pode ser um caminho fácil. E, como todo caminho fácil, pode ser uma cilada.

Mesmo que você tenha uma mente especialmente dotada para provocar risos nos outros, suas piadas podem até surtir efeitos contrários se forem mal-exploradas em suas criações. Porque se a companhia de um ranzinza é deprimente, estar ao lado daquele "engraçadão" que não sabe a hora de fechar a boca pode ser tão chata quanto.

Antes de decidir qual será a pegada do seu texto, estude bem o produto que você deseja vender. Estude-o até que você acredite nele.

Vejo por aí muitos perfis de comunicadores e empresários do mercado digital que acham que o humor sozinho é suficiente para fazer um texto viralizar. Tenho um grande amigo – uma pessoa de cuja amizade muito me orgulho – que é do mercado financeiro e que costuma dizer assim: "Mercado financeiro e humor não se comunicam. Se você tentar vender algo para o mercado usando piadinhas, só vai pegar o público do varejo. No mercado, você tem que ensinar a pessoa; tem que mostrar do que nós somos feitos; que muitas vezes frequentamos as melhores escolas de economia, de administração; que temos um passado e um presente de sucessos e que sabemos o que estamos fazendo".

E a minha percepção depois de mais de dez anos atuando na minha área profissional confirma essa sentença. O mercado quer credibilidade e competência. O humor pode ser enxuto e direto como já mencionei aqui, mas para esse nicho específico há tempo e paciência para peças mais elaboradas, que exponham com toda riqueza de detalhes por que o seu produto é melhor que todos os outros.

Você se lembra do grande texto produzido pela Empiricus Research, não faz muito tempo, chamado "O fim do Brasil?"? Era uma carta de vendas em vídeo de nada menos que quarenta minutos de duração.

Em tese, aquilo era como o voo do besouro: nunca iria funcionar. Mas, assim como os besouros voam – contrariando as leis da aerodinâmica –, o fato é que, graças ao seu storytelling primoroso, ao direcionamento perfeitamente apontado para seu público-alvo e a uma época em que aquele apelo encontrou ressonância, a peça foi um baita sucesso. Porque levou de forma séria e objetiva um recado que o mercado não necessariamente *queria* ouvir, mas que *precisava* conhecer.

E tudo aquilo que eu disse que você deveria fazer, de não se alongar nos textos, de ser conciso, certeiro e curto, vai para o lixo? Claro que não. O case da Empiricus nada mais é do que a exceção que confirma a regra. E é também a lição de que as estratégias de guerra mudam conforme o terreno, o clima ou a fraqueza do inimigo.

Mesmo que você tenha uma mente especialmente dotada para provocar risos nos outros, suas piadas podem até surtir efeitos contrários se forem mal-exploradas em suas criações.

Lição 9
O que importa é o conteúdo

Excelência. Quem não a deseja? Mas a sua busca pode implicar muitos contratempos pelo caminho. E muitas vezes a busca pela perfeição pode ser apenas uma forma inconsciente de você se entregar ao medo e procrastinar aquele que seria o seu ponto de partida para o sucesso.

Para mim, isso não tem nada a ver com perfeccionismo, mas com covardia. Desculpe-me se soo cruel, mas é verdade.

Existe uma coisa chamada zona de conforto, cujo conforto só está no nome, porque ela é, na verdade, uma forma de você se conformar com a mediocridade, imobilizado pelo medo. Medo de crescer, medo do movimento que você terá que fazer para tocar seu barco adiante, medo dos desafios e das pequenas derrotas que certamente estarão lhe espreitando pelo caminho.

É o que vejo 100% das vezes nas pessoas que me procuram para dizer mais ou menos assim: "Tenho uma grande solução, um grande produto, uma proposta nova, uma grande oferta, mas não sei programar, não sei fazer um site, não sei fazer um tema de Wordpress, não sei fazer um funil de e-mail do MailChimp, não sei usar bot, como é que eu faço?".

Eu poderia apenas dizer: "Saia da sua zona de conforto. Você precisa suprir essas deficiências se realmente quiser ter sucesso", mas sou bonzinho. E, como resposta, utilizo meu exemplo.

Todo dia eu uso o Instagram para me comunicar. Lá posso escrever, fazer lives, criar enquetes, responder perguntas, juntar a galera... Tá tudo lá, de graça! Se você tiver um bom conteúdo, uma boa proposta e um bom discurso, seu Instagram será muito mais eficiente do que um site. O que importa mesmo é seu discurso e sua capacidade de criar uma proposta atrativa.

Mas se seu cérebro te autossabota e seu ego ainda não está amadurecido para você deixar de sentir vergonha de se expor, não vai ser capaz de deixar a sua zona de conforto nunca.

Faça os exercícios que propus nos capítulos anteriores. Conte a sua história e a do seu produto, porque a grande lição deste capítulo é: o que convence o consumidor é o seu conteúdo, e não a estrutura do anúncio. O que importa é o conteúdo.

Existe uma coisa chamada zona de conforto, cujo conforto só está no nome, porque ela é, na verdade, uma forma de você se conformar com a mediocridade, imobilizado pelo medo.

Lição 10
Redes sociais: suas melhores amigas

Você assiste a uma partida de futebol pelo jogo ou pelo que passa no intervalo? Você vai ao cinema em busca de um filme para ver os trailers? Fica feliz quando está assistindo a um vídeo no YouTube e, do nada, entra um anúncio?
Nem precisa me responder. Eu sei qual é a sua opinião. Que é a minha, também.
A verdade é que propagandas são um saco.
Sendo assim, por que ainda há quem invista – e muito – nessa modalidade de anúncio?
Antes, vou discorrer um pouco mais: o grande barato das redes sociais é que elas eram espaços onde você estava livre desse tipo de coisa. Friso: *eram*. Mas nelas ainda vale o mesmo princípio: propagandas interrompem um momento de apreciação e de prazer.
Isso significa que estou atacando os anúncios? Só se eu fosse louco.
O que quero dizer é que há formas alternativas e sutis de anunciar um produto sem se prender às propagandas no esquema *old school*. Então vou responder agora àquela pergunta que fiz no começo do texto: ainda se investe muito em propagandas invasivas porque elas funcionam. Apesar de tudo. Mas isso não significa que as modalidades alternativas não funcionem, ou que não funcionem tão bem quanto as tradicionais. Na minha opinião, as alternativas funcionam até melhor. Justamente porque não são invasivas, não irritam, não cortam o seu barato. Pelo contrário: elas podem ser até a estrutura daquilo que seu consumidor procura numa rede social.

Eis alguns exemplos: uma boa história, uma aula gratuita, um manual para resolver algum problema... E dentro desse manual, dessa aula, você mostrará que possui a solução perfeita para quem está lendo.

Mais importante do que ficar fazendo promoções e postando aqueles quadros coloridos no Facebook do tipo: "Só hoje, de 199 por 47 reais" é você falar diretamente para o seu leitor: "Eu tenho a solução para uma situação que te tira dinheiro, produtividade, saúde e liderança no seu mercado. Talvez você nem saiba que tem todos esses problemas, mas vou te mostrar como identificá-los e juntos vamos resolver um por um".

A verdade é que propagandas são um saco. Sendo assim, por que ainda há quem invista – e muito – nessa modalidade de anúncio?

Lição 11
A diferença entre venda e copywriting

Creio que já ficou bem claro até aqui que quem quer vender precisa de um bom redator. E, além dessa ferramenta humana, você precisará também de algumas ferramentas eletrônicas, como um bom funil de vendas (desde que ele não esteja baseado em propagandas maçantes e insistentes, como já exemplifiquei) para conseguir compor a sua arquitetura de conteúdo. Ela é que proporcionará ao seu cliente informação, qualificação e atração. Cada um desses elementos cumpre um papel fundamental nessa jornada, desde o momento em que o cliente tem contato com a sua empresa ou proposta, até o momento em que ele de fato se torna seu cliente.

E a função prossegue. Mesmo depois que o cliente fizer esse onboarding, você ainda precisa garantir que ele se fidelize à sua empresa ou ao seu serviço. Lembre-se de que você sempre terá novos produtos para serem ofertados.

É mais que comum as pessoas confundirem copywriting com a venda em si, mas há diferenças fundamentais entre as duas atividades. Vender é ceder algo de que você dispõe para a outra pessoa, mediante troca por dinheiro. Copywriting e redação publicitária compreendem a construção de uma estrutura de informações e estratégias de conteúdo que vão dar amparo a esse processo de venda.

E como definir o que é um bom processo de copywriting?

Ele precisa posicionar bem a sua empresa dentro das redes sociais, chamando a atenção do cliente em potencial; emitindo opiniões sobre fatos que estão acontecendo agora ou atrelando esses fatos do momento ao horizonte de realidade do lead; atraindo as pessoas das redes sociais por meio de anúncios ou tráfego orgânico. Ele também deve conter as estratégias de marketing mais básicas, como, por exemplo, criar um senso de urgência através de promoções. Aquilo que até o mais humilde feirante conhece e aplica nos seus pregões: "O patrão ficou maluco", ou "É pra acabar".

Quando você já obteve sucesso em fisgar seu cliente pelo senso de urgência, você deve prestar atendimento personalizado pelas redes sociais, seja através de chatbot, WhatsApp ou Messenger no Facebook. Tudo para que ele mantenha o desejo de comprar e o faça o mais rapidamente possível.

Ao prestar um atendimento personalizado, você está rompendo a barreira da distância e atendendo seu cliente com a mesma eficácia de um vendedor de loja que está cara a cara com ele. Maravilhas da tecnologia... É por isso que essa é a minha modalidade favorita de abordagem. Quem há de negar que isso é muito melhor do que encher a paciência do cliente com pop-ups, interrupções no YouTube e spams?

Eu gosto muito de converter o cliente dentro de um aplicativo de mensagens. Isso reduz muito o custo de conversão, porque a gente aumenta bastante as chances de venda quando estamos em contato direto com as pessoas. Automatização e bots são importantes para atender às demandas de entrada e responder às dúvidas mais básicas: horário de funcionamento, formas de pagamento, prazos de entrega etc. Mas, depois dessa introdução, é hora de o cérebro entrar no lugar da máquina. Vai dizer que você nunca se irritou com um robô de teleatendimento te obrigando a ouvir mensagens intermináveis e apertar diversos números? Então não submeta seu cliente ao mesmo tormento.

E quanto mais "amadorístico" o seu atendimento, melhor. Mesmo que seu negócio seja enorme, quem atende o cliente deve ter o mesmo carinho e paciência que o Seu Manoel da quitanda dedica a quem compra banana com ele há quarenta anos. Um funcionário de atendimento que mostra um discurso distanciado, impessoal, é praticamente igual a um robô. Não seja e não aja como eles!

Vai dizer que você nunca se irritou com um robô de teleatendimento te obrigando a ouvir mensagens intermináveis e apertar diversos números? Então não submeta seu cliente ao mesmo tormento.

Lição 12
Seja antifrágil

O que a antifragilidade tem a ver com o redator? E com o bancário?

Talvez você conheça esse termo por causa do best-seller homônimo de Nassim Nicholas Taleb. Nele, o autor traz à baila questões sobre segurança psicológica. Até que ponto podemos prever e remediar situações na nossa vida, no nosso país, no mundo como um todo?

Meu pai é cardiologista. Eu cresci ouvindo dele: "Ser médico é a melhor profissão de todas, pois basta que você pendure um estetoscópio nos ombros para conseguir trabalhar em qualquer lugar do mundo". Pura verdade. Mas nem por isso me tornei médico. E não faço ideia se algum dos meus filhos seguirá minha profissão.

O fato é que ter uma profissão com demanda global te torna muito mais seguro. Que Deus nos proteja disso, mas imagine se um dia o Brasil se tornasse um país inabitável? Os médicos, os engenheiros e até os cozinheiros poderiam sair daqui com muito mais tranquilidade do que alguém cuja carreira esbarra em diferenças de idioma ou de cultura.

Um redator publicitário pode muito bem ter sucesso fora daqui. Basta saber inglês (sou insistente mesmo!) e ter aquele faro para cavar oportunidades.

Certa vez estava na Itália, país onde minha mulher já viveu, e percebi que lá a cultura de propaganda digital ainda está na fase de engatinhar. Pontos turísticos popularíssimos, restaurantes de renome mundial, enfim, atrações e negócios com um potencial enorme ainda relutam em ter um mero site informativo. E quando eu dizia aos locais que trabalho com internet, quase todos se espantavam: "Nós não temos isso aqui".

Fiquei feliz em constatar que nosso país (pelo menos nisso) está num estágio muito mais avançado do que a Itália. Mas também fiquei chocado em ver como um país europeu ainda reluta em se adaptar a algo indispensável.

E quanto ao médico e o engenheiro que citei acima? Bem, se eles se mudassem hoje para a Itália (ou para quase todos os países do mundo), não bastaria pendurar um estetoscópio no pescoço – ou segurar um esquadro –, porque os gringos exigem revalidação de seus diplomas. Um processo dificílimo e bastante custoso. Já eu teria apenas que fazer a mesmíssima coisa que já faço no Brasil, sem a necessidade de encarar a selva das burocracias.

Isso é ser antifrágil. Ser antifrágil é estar preparado psicologicamente para espremer o limão que a vida lhe oferece todos os dias e fazer dele uma limonada, uma torta ou uma caipirinha.

Taleb faz uma comparação muito feliz no seu livro: imagine dois irmãos, um bancário e outro taxista. O bancário é tido como o orgulho da família, o irmão que deu certo na vida, que trabalha numa cadeira giratória em frente a uma mesa, enquanto o segundo enfrenta engarrafamentos, o risco de assaltos, o mau humor dos passageiros etc. Até que um dia a crise financeira atinge o banco. Pouco a pouco os funcionários vão sendo demitidos, até que chega a vez do "irmão-orgulho". Já para o taxista, a crise tem pouco impacto. O número de passageiros cai um pouco por conta do desemprego, mas ele segue na labuta.

Quem está bem agora?

Na verdade, o taxista sempre esteve numa posição bem melhor que a do bancário. É tudo uma questão de status.

Quando se trabalha numa instituição como um banco, você praticamente só consegue fazer upgrades dentro daquela empresa. O bancário que se desliga (ou é demitido) do banco A não terá privilégios se for contratado pelo banco B, já que cada instituição tem sua política interna de trabalho. Então, mesmo que o irmão bancário tenha a sorte de ser contratado por outro banco, ele terá de recomeçar quase do zero.

Conclusão: o taxista era o antifrágil, e o bancário era o quebradiço da história. Pense nisso na hora de escolher a sua carreira.

Ser antifrágil é estar preparado psicologicamente para espremer o limão que a vida lhe oferece todos os dias e fazer dele uma limonada, uma torta ou uma caipirinha.

Lição 13
Uma lição para o meu filho

Uma coisa que pretendo ensinar ao meu filho, assim que ele for maiorzinho, é escrever bem. Quero que ele entenda o valor da boa escrita e a utilidade que ela terá na sua vida, independentemente da carreira profissional que escolher. Quero que ele saiba que escrever bem não é elitismo nem frescura.

Escrever bem te faz calcular bem. Te faz ler bem. Te faz entender bem. Expande a mente, abre portas, pavimenta trajetórias. E te coloca em uma posição vantajosa na hora de uma negociação.

"Mas eu tenho um parente que é analfabeto e sabe negociar muito bem." Que bom para ele. Até porque essa pessoa teve de se esforçar dez vezes mais para se tornar alguém na vida, e toda persistência deve ser louvada. Mas essa é a exceção que confirma a regra, como eu disse lá atrás. Esse parente é um bom negociador porque certamente este é o seu talento. Ele nasceu para isso e soube ir atrás do chamado da vida. Agora, imagine o que ele teria feito deste talento se fosse alfabetizado? E se fosse tremendamente bem-educado?

A boa escrita alinha seu pensamento, que alinha sua postura, que alinha sua comunicação. É por isso que vou ensinar ao meu filho a pontuação correta, o estilo enxuto, o vocabulário rico, a ortografia perfeita e coisa e tal. Se você tem filhos ou pretende tê-los, faça o mesmo. E desde já se eduque para ser você mesmo o exemplo perfeito para eles.

Escrever bem te faz calcular bem. Te faz ler bem. Te faz entender bem. Expande a mente, abre portas, pavimenta trajetórias. E te coloca em uma posição vantajosa na hora de uma negociação.

Lição 14
O valor da empatia

Quem escreve, escreve para alguém. A lição número um da teoria da comunicação é claríssima: comunicação envolve pelo menos dois entes, o emissor e o receptor. E o elo entre ambos é a mensagem, independentemente se a comunicação é com apenas um receptor ou com milhões deles. Todo o resto deriva dessa relação simples.

Mas esse elo não é estabelecido sem que haja da sua parte uma coisa chamada empatia, que é saber se colocar na posição do outro. Esse apetrecho moral nos possibilita viver em sociedade com harmonia. Seres desprovidos de empatia são classificados pela medicina como psicopatas. Logo, se esse não é seu caso (assim esperamos), então você deve ter a empatia sempre em mente na hora de redigir.

Colocar-se na pele do receptor da sua mensagem é o que faz com que você tenha precisão no seu objetivo. No marketing, isso é determinado por pesquisas. Mas o seu *feeling* de copywriter é que te dará a sintonia fina desse processo. E isso vem com o tempo.

A falta de empatia na relação fornecedor/cliente é a maior responsável pelo fracasso dos negócios. Não se importar com o cliente, ser incapaz de "estar na sua pele", é o que torna uma empresa campeã de avaliações negativas, de processos e de prejuízos. Comparemos aquela plaquinha "servimos bem para servir sempre", presente em diversos estabelecimentos, com o aviso "destratar um servidor é crime previsto em lei", que há em todas as repartições públicas. Deduza: qual desses estabelecimentos está no coração daquele que o utiliza? E qual está nadando no fel do ressentimento?

Um negócio que não sabe ter empatia pelos seus clientes é uma "empresa psicopata".

É muito comum ver profissionais de marketing que surgem cheios de pose, fazem muito barulho e, do nada, desaparecem. Aí voltam à cena meses depois, fazendo a mesma coisa. Hoje vendem um produto; amanhã fazem mentoria; para depois aparecer com uma agência. Somem, reaparecem, somem... Pode ter certeza: são profissionais sem empatia, que usam os negócios apenas como trampolim para uma ascensão profissional instantânea. E não percebem que vivem de pulo em pulo, feito voo de galinha, se queimando no mercado e desperdiçando tempo alheio e deles próprios.

Voltando à teoria da comunicação, os papéis de emissor e receptor se intercalam. A comunicação é também uma troca: você envia uma mensagem e recebe outra. Por isso, tenha em mente o valor de saber falar, mas também de saber ouvir.

Saiba ouvir seu cliente.

Colocar-se na pele do receptor da sua mensagem é o que faz com que você tenha precisão no seu objetivo. Não se importar com o cliente, ser incapaz de "estar na sua pele", é o que torna uma empresa campeã de avaliações negativas, de processos e de prejuízos.

Lição 15
"Mostre-me o que uma pessoa admira e lhe direi tudo o que importa para ela."

Vamos trazer outro importante objeto de estudo para nós: Roy H. Williams, ou Dana H. Ballard (seu pseudônimo), um escritor e empreendedor americano de pouco mais de sessenta anos que mantém desde 2000 a Wizard Academy, uma conceituada escola de comunicação. É dele a frase que batiza este capítulo.

Para mim, essa sentença resume a importância de conhecer a média de seus clientes. Pesquise, analise e conheça seu público. Meça suas necessidades através das suas opiniões, que podem ser sobre política, artes, sexo, moda, não importa. Tudo pode servir para balizar sua análise, desde que você saiba bem que público deseja atingir.

É muito comum ver gente fazendo e espalhando enquetes como forma de conhecer seu mercado. Não faça isso. Vou te explicar por quê: quem garante que as respostas dadas à enquete são genuínas? A verdade é que a maioria das pessoas responde às enquetes sem muito comprometimento.

Indagar alguém quando você lhe é um completo desconhecido quase nunca funciona. É muito mais eficiente ouvir cara a cara. É por isso que os *focus groups* são cada vez mais importantes no desenvolvimento e na readequação de produtos.

Repare que o nome é *"focus"* – foco. Porque a dinâmica do coletivo é totalmente diferente da do indivíduo. O filósofo René Girard disse que em todo grupo "sofremos uma possessão das massas". Um grupo trancado numa sala, sem distrações, se torna totalmente *focado* nos objetos em análise.

Pesquise, analise e conheça seu público. Meça suas necessidades através das suas opiniões, que podem ser sobre política, artes, sexo, moda, não importa. Tudo pode servir para balizar sua análise, desde que você saiba bem que público deseja atingir.

Lição 16
A relação entre storytelling e sua caixa de e-mails

Não faz muito tempo que a única modalidade de comunicação pela via digital era o e-mail. Hoje, podemos passar dias e até semanas sem enviar um e-mail. Mas não há um dia em que não recebamos um.

Há menos de dez anos, o marketing digital se resumia a oferecer iscas – um bom relatório, um e-book, um curso gratuito, algumas aulas gravadas –, tudo em troca do nome e do e-mail das pessoas. Era com base nisso que se iniciava a produção e a oferta de conteúdo.

Esse conteúdo chegava em caixas de e-mail, ou seja, o lead – o interessado –, recebia, clicava, assistia e se convencia (ou não) da venda. Em suma, a caixa de e-mail era o grande centro gravitacional de qualquer campanha de marketing digital.

Mas o tempo passou. E, como tudo que diz respeito ao universo digital, as revoluções foram acontecendo cada vez mais rapidamente. Hoje se acessa um cliente em potencial por inúmeras vias, mas a boa e velha caixa de e-mail resiste. E ainda é a sua melhor amiga.

Você tem de contar uma história para o seu lead. De nada adianta você gerar uma isca legal, ter uma página bonita, um sistema que funcione, um disparador de e-mail eficiente e até mesmo um cara que abra o e-mail no final dessa linha, se depois desse processo todo você não tem o que contar para ele. É aí que entra o storytelling.

Se você não tiver um storytelling atraente, qual será sua relação com a caixa de e-mails do cliente? Nenhuma, pois você fatalmente acabará caindo na famigerada aba de spam. E aí é "adeus, cliente" e "adeus, investimento".

Certifique-se da eficiência do seu storytelling aplicando as técnicas que já descrevi e faça essa longa amizade com o e-mail durar muitos bons anos.

Se você não tiver um storytelling atraente, qual será sua relação com a caixa de e-mails do cliente?

Lição 17
Estruturando suas vendas

Agora vamos falar sobre a estrutura mínima necessária para que você faça sua primeira venda na internet. É importante que você tenha em mente que o primeiro real que você vai ganhar on-line será o mais difícil que você já conquistou na vida. Não é à toa que o Tio Patinhas guarda sua moedinha nº 1 numa redoma de vidro no interior de uma caixa-forte.

Trabalhar com internet ainda carrega um estigma. Pessoas mais velhas, de mentalidade reacionária, ainda estão por aí, e quase sempre são próximas de nós. Quantas vezes não ouvi que "isso não vale a pena" ou "isso é coisa pequena"? Educadamente, mude de assunto e siga em frente no seu objetivo. Um dia você ainda poderá mostrar para essas pessoas como elas estavam enganadas.

Mas é natural que em algum momento você se sinta inseguro. É da natureza humana. E a insegurança se combate com ação. Uma das ações essenciais para o seu sucesso é a construção de sua estrutura de trabalho. Vamos a ela?

1. Tenha uma boa oferta.
2. Informe seu lead de forma que ele conheça não apenas o seu produto, mas quais benefícios seu produto trará para ele.
3. Certifique-se de ter estrutura mínima viável para fazer o fluxo do lead desde a primeira vez que ele te visualiza até o final: posts e conteúdos em redes sociais que levam até uma página de inscrição na qual ele será encaminhado por um funil de e-mails até um carrinho de vendas.

E lembre-se sempre: quanto mais simples a sua estrutura, mais rapidamente você vai implementá-la e menos dolorosa será a sua tentativa caso você fracasse. Se falhar num projeto que demorou apenas vinte minutos para ser implementado, você vai aprender. Mas se você passar um ano esperando as condições ideais para alguma coisa acontecer, é provável que os prejuízos sejam muito maiores – e a frustração também.

Nesse sentido, a recomendação mais importante que tenho para fazer é: "Vá para a rua".

Qual é o maior perigo na vida de um empreendedor? Transformar seus sonhos e planos em companhias para a vida toda. Quando planejar se torna mais prazeroso do que concretizar, você corre riscos enormes de se afogar nesse oceano de possibilidades.

E por que é que eu digo isso? Porque, para sonhar, não é pedido nada. Nenhuma venda e nenhum cliente é muito melhor do que poucas vendas e poucos clientes. O zero te abre um universo de possibilidades – anote isso! Enquanto os planos ainda estão no papel, não há cobranças, apenas tapinhas nas costas de encorajamento dos amigos que dizem que tudo dará certo.

É quando você põe o carro para rodar que a realidade surge – e traz com ela os problemas. Nessas horas, o suporte abre o bico, o site sai do ar, os clientes pedem devoluções descabidas e aquele produto que você jurava que iria arrebentar o quarteirão encalha.

Você não é capaz de identificar todos os gargalos do seu produto, e seus amigos e familiares não terão coragem de dizer a verdade, a não ser que se tornem seus clientes. Busque agora mesmo a sua primeira venda e verá que, mais do que o seu primeiro dinheiro, você conquistará o primeiro panorama do seu negócio. Nessa hora, as forças e fraquezas do seu negócio e do seu produto serão reveladas.

Quem, em sã consciência, postergaria o recebimento de informações tão importantes?

Vá para a rua cedo, aprenda pagando um preço baixo, economize tempo e otimize o que deu errado. É assim que estruturamos as nossas vendas nos tempos da economia digital.

Enquanto os planos ainda estão no papel, não há cobranças, apenas tapinhas nas costas de encorajamento dos amigos que dizem que tudo dará certo.

Lição 18
Estratégias de busca: aspirações e inspirações

Costumo brincar que a verdadeira batalha do comunicador é descobrir o que o seu lead quer. Esta é a batalha mais importante na guerra pelo sucesso, já que é ela que decidirá todos os seus próximos movimentos.

De cara, vou dizer o que você *não deve* fazer: inquirir diretamente seu cliente. Isso porque ele mesmo não saberá dar uma resposta nos termos que você precisa para conhecê-lo.

Já falei sobre pesquisas de mercado e *focus groups*, mas ainda não conversamos sobre o custo desse tipo de coisa. Antigamente, pesquisas custavam muito mais do que hoje. Havia poucos institutos de pesquisa, mas o surgimento da internet mudou tudo isso. E você tem no seu celular um tremendo instituto de pesquisa. E o melhor de tudo: quase de graça.

Então use as redes sociais a seu favor, tanto para atrair clientes como para conhecê-los. Com base nisso, vamos ao primeiro ponto: que tipo de pessoa seu lead admira e aspira ser?

Entender quem são os modelos de vida de seu alvo abre caminho para poder imitar o exemplo e fazer com que você e sua oferta também se tornem "ídolos" para o lead. Certamente as respostas para isso estão no Facebook do seu cliente.

O segundo ponto é: o que seu lead deseja? Na maior parte das vezes, mais do que dinheiro, o desejo é por tempo. Ou, ainda, segurança e conforto, que são derivativos. Procure identificar por meio do diálogo qual desses três itens está na frente para seu lead ou se há um quarto elemento despontando. Então adéque seu discurso e sua redação a essa demanda.

Mas o que todo ser humano deseja de verdade – mesmo inconscientemente – é ter sucesso. Quando você direciona seu discurso para esse lado, é batata. Apontar para o sucesso é seu coringa, seu ás na manga, seu tiro certo. Venda possibilidades de sucesso e obtenha, em troca, mais sucesso para você.

O que seu lead deseja? Na maior parte das vezes, mais do que dinheiro, o desejo é por tempo. Ou, ainda, segurança e conforto, que são derivativos. Procure identificar por meio do diálogo qual desses três itens está na frente para seu lead ou se há um quarto elemento despontando. Então adéque seu discurso e sua redação a essa demanda.

Lição 19
Calibre seu discurso

Já abordamos os dois primeiros questionamentos: *quem* seu lead admira e *o quê* ele deseja. Quem e o quê. Agora vamos para o *como*.

Uma vez que você já penetrou na mente do seu alvo e apresentou a ele um novo mindset, você já pode inspirar nele qual será o seu objetivo. Agora, o trabalho é menos de descoberta e mais de convencimento, embora sua antena de Sherlock Holmes ainda não deva ser desligada. Esse é o momento de enxertar nos nossos textos referências diretamente atreladas ao objeto de inspiração da nossa audiência. Então, digamos que a grande inspiração do nosso lead seja aquele tipo de empresário bem-sucedido que ultrapassa todas as barreiras para chegar aonde quer.

Se essa é a inspiração e a aspiração de seu cliente, você não deve falar de família, de lazer, de viajar no fim de semana, enfim, dessas coisas que – na cabeça dessas pessoas – são apenas distrações perigosas no seu caminho. Mas há o tipo oposto, que quer trabalhar e empreender para ter condições de, em troca, passar bons momentos com a família, conhecer países exóticos, comer em restaurantes badalados. Para eles, você criará textos que se encaixarão nessa narrativa de qualidade de vida conciliada com sucesso financeiro. Há outras variáveis, mas garanto que essas são as que mais aparecem. Observe, aprenda com seu lead e dê a ele o que ele quer receber de você.

Seth Godin costuma dizer: "Me dê trinta minutos num grupo de pessoas e eu lhe entrego o seu produto". Ouvir é mais importante que falar, e ouvindo você aprende a lição mais importante que existe para qualquer vendedor: é preciso vender o que os clientes desejam comprar e entregar – para o bem deles – aquilo de que eles precisam.

Novamente: esse é um trabalho de ouvir e separar. É normal que as ideias e as necessidades surjam de maneira desorganizada na cabeça das pessoas ou que, ao serem perguntadas, elas não saibam exatamente do que precisam. É nessas horas que a máxima repetida tantas vezes por Steve Jobs se mostra atual: "Foco é dizer não".

Experimente perguntar a alguém quais são as suas dificuldades ou os gargalos do seu negócio. Pode esperar: você vai receber uma resposta confusa. As pessoas misturam as necessidades do negócio com os problemas pessoais, embaralham coisas e pessoas, confundem proposta com produto e oferta com valor...

É por isso que o seu dever é guiar as pessoas confusas e que dizem estar envolvidas em diversas situações complicadas para uma ou no máximo duas dificuldades – geralmente são elas que reúnem 80% dos problemas atuais pelos quais alguém passa.

É muito comum dar mais valor ao movimento do que à direção. Em meio a todo o barulho, sua função é trazer razoabilidade e clareza àquele discurso confuso. Por exemplo, ajudando a pessoa a perceber o foco principal, a dificuldade que, se sanada, desatará diversos nós: "Bom, percebo que o seu principal problema é mão de obra, não é?".

Quando você dá um nome – seja mão de obra, tecnologia, um bom marketing –, você se capacita para fazer uma única oferta... e ofertas únicas (direcionadas) são muito mais eficientes.

A partir do momento em que você encontra a dor principal do seu prospect, ignore todo o resto e convença-o a tratar um problema de cada vez. Um primeiro contrato simples e direto é a forma mais eficiente de fechar seu primeiro negócio.

Há menos dores de cabeça, o trabalho é mais rápido e muito mais eficiente de ser avaliado.

É fácil medir – e reconhecer! – os resultados. Depois, é só partir para o próximo.

Uma vez que você já penetrou na mente do seu alvo e apresentou a ele um novo mindset, você já pode inspirar nele qual será o seu objetivo.

Lição 20
Quem tem medo do Lobo Mau?

Medo. Um dos instintos mais básicos do ser humano e dos animais. Todos temos medo e todos devemos senti-lo por uma questão de proteção. No corpo, o medo serve para injetar instantaneamente aquela dose de adrenalina necessária para reagir com rapidez diante de algum risco.

Seu cliente é tão humano quanto você. Ou seja, sente tantos medos quanto você – e sua tarefa é descobrir quais são eles. Muitas vezes, os receios dele vêm de questões pessoais: se é um indivíduo acomodado, entregue à zona de conforto, com o que eu chamo de "síndrome do comentarista de sofá", comenta sobre tudo e julga todo mundo sem sair da poltrona.

Mas, no final das contas, não importa a fonte do medo. Em todos os casos, seu discurso deve ser como uma balança na qual se equilibram as narrativas de sucesso e de fracasso. Ele precisa saber dos riscos que corre. Ele deve encarar todas as possibilidades para que a relação entre vocês seja transparente. Se você vai levá-lo para passear na floresta para entregar os doces à vovozinha, ele deve ter ciência de que o Lobo Mau pode estar atrás de uma árvore. E a tarefa de informá-lo desses riscos é inteiramente sua.

E onde o Lobo Mau pode estar escondido? No momento de se falar de preços, de pagamentos, de prazos, enfim, de todas aquelas questões nas quais você se baseia para construir sua oferta real.

Mas fique tranquilo, porque vou explicar como tirar o Lobo Mau do caminho do seu lead. Uma vez que, por meio do diálogo direto e sincero, você já identificou onde moram os temores do seu cliente, tome uma nota mental de cada um deles e os devolva na forma de discurso, exaltando as possibilidades de sucesso e menosprezando os riscos.

Jogue com a possibilidade de escassez. Mostre que o Lobo Mau pode estar esperando apenas um vacilo momentâneo: "Daqui a 15 dias o preço vai subir 40%. A hora é essa!". Assim, o cliente entende que o Lobo Mau odeia quem sabe aproveitar a melhor hora para atirar.

Lição 21
"O que o senhor *não* deseja?"

Imagine-se entrando numa loja e sendo abordado com essa frase por um vendedor. Soou estranho? Pois não deveria.

Acho que nenhum vendedor a usa como abordagem inicial pelo risco de ouvir do cliente a seguinte resposta: "A sua presença". Mas vamos partir deste ponto: o que o vendedor não deve fazer com seu cliente em potencial? Em primeiro lugar, ser chato, como já respondemos lá atrás. Lembra das considerações que fiz sobre banners, anúncios no meio de vídeos do YouTube, spams, pop-ups etc.? Isso é fazer no plano virtual aquilo que alguns vendedores presenciais fazem ao ficar na cola do cliente, sem dar espaço para que ele percorra as vitrines e prateleiras à vontade e empurrando mercadoria.

Então aqui vai um exercício: faça de conta que você está vendendo um produto para emagrecimento feminino. Há dois tipos de clientes para seu produto: o que quer milagre (emagrecer comendo de tudo) e o que quer que o seu produto se encaixe numa proposta mais viável de mudança de qualidade de vida.

Como sabemos, a ciência moderna (infelizmente) ainda não foi capaz de inventar uma poção mágica que nos permita emagrecer sem dieta, e como sei que você é uma pessoa ética e que jamais vai querer ganhar dinheiro em cima do desespero alheio, sugiro que direcione seu produto ao público sensato.

Logo, seu discurso deverá necessariamente focar naquilo que seu produto *não* faz. Não, o seu produto não faz mágica! Seu produto não é *snake oil* nem oração de benzedeira! O sucesso do seu cliente depende do uso correto do produto, que compreende aliá-lo a uma dieta correta, exercícios físicos, acompanhamento profissional e disciplina para um emagrecimento a médio prazo.

E esse cliente bem-informado e consciente existe, e você pode chegar até ele através de formulários aplicados durante uma aula de alimentação saudável. O importante é que você tenha sempre uma abordagem segura, honesta e focada nas necessidades dele.

Logo, seu discurso deverá necessariamente focar naquilo que seu produto *não* faz. Não, o seu produto não faz mágica!

Lição 22
A oferta é o motivo pelo qual a sua página existe

Quando você for construir uma página – seja ela de eventos, de vendas, de isca digital, para uma sessão de webinário ou ainda uma página de cadastro para o cliente acompanhar as novidades dos seus serviços –, é importante ter em mente que o *único* motivo pelo qual você incorporou funis, conteúdos em redes sociais, construção de anúncios etc. foi pela oferta. A oferta é a razão de ser da sua página e do seu trabalho.

Logo, cabe agora questionarmos a razoabilidade de sua oferta. No capítulo anterior, chamei atenção para a questão ética: vender uma "poção mágica" pode ser algo muito lucrativo num primeiro momento, mas os desdobramentos legais das práticas enganadoras – que, não custa repetir, podem ser até mesmo criminosas – são caros e desgastantes. Mas há outras formas de tornar sua oferta impraticável, e não apenas pela questão ética.

Uma oferta razoável é uma oferta transparente, simples e de valor evidente. Era muito comum, até há bem pouco tempo, se deparar por aí com o que chamo de "empilhamento de produtos". Eram ofertas "matadoras" do tipo: "Nosso treinamento, somado a todos os bônus, tem um valor de mercado de 28 mil reais, mas apenas nesta promoção você leva tudo por R$ 49,90".

Quando a esmola é muita, o santo desconfia. Dizer para o seu lead que algo que valeria quatro dígitos pode lhe custar apenas dois é zombar dele. Ainda que apareçam dois ou três dispostos a cair nessa conversinha, eles não voltarão a comprar mais nada das suas mãos, mesmo que você esteja vendendo Coca-Cola gelada no deserto do Saara. Porque muito provavelmente sua Coca-Cola será tão *fake* quanto o produto que você vendeu anteriormente.

Cliente bom é cliente fiel, não importa o que você venda. E os melhores clientes são aqueles que efetivamente vão utilizar o conteúdo que você oferece, implementando essas soluções nos seus próprios negócios e colhendo resultados positivos.

Uma oferta razoável é uma oferta transparente, simples e de valor evidente.

Lição 23
O poder da estética

Além da razoabilidade, a oferta deve ser atraente. Assim como, quando querem, as mulheres geralmente sabem se maquiar e valorizar seus pontos fortes, uma boa oferta deve sempre tomar um bom banho de loja antes de se mostrar por aí.

No caso das vendas pela internet, algo que torna o produto irresistível é embutir nele o maior número possível de formas de experimentação por parte do lead.

Imagine que você está vendendo um curso on-line. O óbvio seria apregoar as aplicações práticas daquele curso: do que se trata, como ele vai impactar positivamente a vida de quem o comprar, e assim por diante. Mas isso não é tudo que você pode fazer para seduzir o comprador. Porque, além das questões práticas, há também as ofertas de ordem menos direta. Por exemplo, oferecer um período grátis de experiência ou a possibilidade de ressarcimento em caso de desagrado.

Veja onde está o pulo do gato: indiretamente, o que você está comunicando ao seu cliente é "tenho tanta segurança de que meu curso é bom que posso me dar ao luxo de te devolver o dinheiro se você for louco o suficiente para não gostar dele".

Trabalhe sempre com elementos básicos da atratividade comercial: garantia estendida, direito de arrependimento, test drive, premiação por fidelidade etc. Isso tudo tem o mesmo valor que aquele perfume matador na hora da conquista amorosa.

Veja onde está o pulo do gato: indiretamente, o que você está comunicando ao seu cliente é "tenho tanta segurança de que meu curso é bom que posso me dar ao luxo de te devolver o dinheiro se você for louco o suficiente para não gostar dele".

Lição 24
Garanta e se garanta

Tudo o que falamos na lição anterior pode ser resumido em uma palavra: garantia. Só se garante quem tem credibilidade e quer mantê-la.

Qual é a grande pegada da garantia? Para o cliente, a garantia é o instrumento pelo qual ele se livra do peso das consequências de uma má escolha. Muito pior do que comprar um produto ruim é se passar por uma pessoa que tomou uma péssima decisão, e você não quer ser o motivador de uma decepção eterna do seu cliente, certo? Obviamente essa responsabilidade recai sobre os seus ombros.

Há inúmeras formas de dar garantia, sendo a mais básica delas contra defeitos. Mas há uma em especial que eu considero a mais corajosa de todas, a garantia de satisfação, que já abordei no capítulo anterior: "Compre e, se não gostar, nós devolvemos o seu dinheiro".

E, se você acha isso arriscado, é porque não confia no seu próprio produto. Neste caso, como você quer ser um bom vendedor? Eu jamais venderia qualquer coisa na qual não acreditasse. Veja este livro, por exemplo. Tudo, absolutamente tudo que você está lendo aqui são palavras nas quais eu acredito com toda a minha fé. Porque é meu nome que está na capa, é meu rosto que está na orelha, e estes são meus principais bens. Bens tão especiais que nenhum credor jamais poderia tirar de mim.

No fim das contas, eu garanto: quase ninguém vai devolver seu produto depois de testá-lo. Mais uma vez, falo por experiência própria: ninguém participa de um funil de vendas por meses, te acompanha nas redes sociais por anos, assiste a uma série de aulas, lê um monte de manuais, posts, blogs, para, no final, dizer "comprei, assisti, perdi seis meses, mas agora me dê meu dinheiro de volta e me tire do grupo".

É uma fantasia imaginar que as pessoas vão pedir o dinheiro de volta caso você dê uma garantia. Uma grande bobagem. Se o seu produto for bem-feito e a sua proposta for bem alinhada, para garantir que você entregue o que prometeu, a taxa de *charge back* não vai passar de 5%. Mas, se você mensurar a quantidade de pessoas que se tornaram clientes porque você deu uma garantia, a taxa será muito maior do que isso.

Além do mais, no fim das contas, esse procedimento é justo para com o seu cliente, porque se o produto realmente não funcionou, nada melhor do que devolver o dinheiro, evitando deixá-lo insatisfeito – afinal, ele pode voltar a ser seu cliente em outro momento.

O Código de Defesa do Consumidor do Brasil é bem claro: todo produto comprado pela internet deve conferir direito ao arrependimento. Ou seja, em até sete dias da compra está garantido ao cliente o direito de devolução, de *charge back*. Dessa forma, se o mínimo que você tem que fazer é fornecer uma garantia de sete dias, respeitando a lei, por que não monetizar isso?

E se você acha isso arriscado é porque não confia no seu próprio produto. Neste caso, como você quer ser um bom vendedor?

Lição 25
Preço não é tudo, mas é 100%

Vamos falar de algo que você talvez já achasse que eu estava esquecendo: preço. Não é engraçado estarmos passando da metade de um livro de copywriting e somente agora essa questão aparentemente tão importante estar sendo abordada?

O lance é que preço não é tão importante assim – ainda mais na venda de um produto impalpável, fruto apenas da capacidade intelectual de quem vende, como um curso on-line, por exemplo. Nesses casos, o cálculo não é tão simples quanto o do comerciante que compra bala a dez centavos, aplica 100% de taxa de lucro em cima dela e a vende por vinte centavos. É muito mais relativo.

O caminho para o enriquecimento não é uma corrida de cem metros rasos. É uma maratona, porque mais importante do que fazer apenas uma venda é conquistar a devoção do seu cliente. Tudo isso está intimamente ligado ao preço que você pratica. Se você tem um produto realmente fantástico, seu lead até pode pensar que ele vale a pena *apesar* do preço. Mas pense comigo: se, além de fantástico, ele é vendido por um preço justo, você poderá desenvolver um segundo, um terceiro e até um vigésimo curso (para continuarmos com o exemplo de um produto fruto de uma criação intelectual) com muito mais garantia de vendas.

O preço justo de um bom produto cria uma cadeia de valor e de relacionamento com as pessoas. E às vezes ela é muito mais benéfica do que aquela margem extraordinária de lucro que só funcionará uma vez – isso se funcionar.

O lance é que preço não é tão importante assim – ainda mais na venda de um produto impalpável, fruto apenas da capacidade intelectual de quem vende, como um curso on-line, por exemplo.

Lição 26
O Paradigma de Godin

É chegado o momento de abordar o famoso Paradigma de Seth Godin. Para quem não o conhece, ele é um dos marqueteiros mais engraçados da internet. Gosto demais dele, e seu livro *Permission Marketing* foi um dos que mudaram a minha vida. Foi dele que destaquei a seguinte frase: "O marketing ocorre quando uma quantidade suficiente de pessoas com uma visão similar do mundo se agrupa no mesmo ambiente, permitindo aos marqueteiros captá-los a um custo eficiente e justificável".

Essa frase contém tudo aquilo em que eu acredito. Em primeiro lugar, marketing é muito mais ouvir do que falar, e você deve estar se recordando de que já lhe dei este conselho anteriormente. Mas se estou sendo repetitivo é porque para mim, de *todas* as lições deste livro, essa é a mais importante. Pessoas querem ser ouvidas, e o bom vendedor fecha negócios mais com os ouvidos, nem tanto com a boca.

Há anos ensino um exercício simples, mas altamente eficiente, para as pessoas que querem aumentar as vendas: experimentem ouvir mais; perguntem e todas as respostas lhe serão dadas. Depois de vinte minutos ouvindo, você terá o produto perfeito para o seu prospecto. E por que isso acontece? Porque foi ele que lhe disse exatamente do que precisava.

Quer ver só? Imagine que você está em um casamento ou no aniversário de algum amigo e se senta bem ao lado de um sujeito que parece um cliente interessante. O primeiro passo é saber se as suas suspeitas se confirmam. Você pode começar com o que eu chamo de tiro de alerta, que é uma afirmação genérica sobre trabalho, apenas para dar início à conversa: "Caramba, que semana corrida! Essa festa veio em boa hora".

Esse tipo de afirmação geralmente provoca a pergunta: "E o que você faz?". Por quê? Porque as pessoas são curiosas, simples assim. E quando te perguntam o que você faz, você tem um pitch.

Aí vem o que eu chamo de afirmação aberta. Em vez de dizer que você possui uma agência de marketing, diga que ajuda as pessoas a venderem mais – quem é que não quer vender mais? Nunca diga apenas que é médico, e sim que é médico *e* ajuda as pessoas a dormirem melhor, se tornarem mais produtivas, regularem seu peso, retomarem o vigor de quando eram jovens... O objetivo da afirmação aberta é fisgar o seu prospecto pela curiosidade.

Logo em seguida você pergunta: "E você? Faz o quê?". Pronto. Temos um trabalho de *cold call* em andamento, camuflado em forma de conversa amigável. Independentemente do que o interlocutor responda, você diz: "Ah, já tive casos de clientes assim". Pegue um exemplo seu e, ainda que seja um pouco distante do assunto, tente torná-lo o mais familiar possível. Saber que você já lidou com empresários ou profissionais do mesmo ramo que o dele atiçará o senso de competitividade do seu prospecto, que vai desejar saber quais foram os resultados que você trouxe para eles.

É nessa hora que você vira a chave do posicionamento genérico para o específico. Depois, diga: "Por exemplo, qual é a sua principal dificuldade hoje?". *Boom*! É agora!

A partir dessa resposta (o que quer que o teu prospecto responda), você ignorará todo o resto e focará apenas na dor principal dele. Se ele disser que são as vendas que estão baixas, todo o seu discurso passará a se concentrar apenas no aumento delas, falando sobre clientes e casos bem-sucedidos e sobre como aumentar as vendas é o segredo para qualquer negócio. Conforme a conversa avança, mais e mais o pitch que você monta parece ter sido feito sob medida para aquele prospecto – porque, de fato, foi.

Ouça e perceberá todas as demandas de um cliente.

Ouça e as pessoas te dirão exatamente o que elas procuram.

Ouça e saberá até mesmo quanto elas estão dispostas a pagar, antes que você diga o seu preço.

Ouça e perceberá todas as demandas de um cliente. Ouça e as pessoas te dirão exatamente o que elas procuram. Ouça e saberá até mesmo quanto elas estão dispostas a pagar, antes que você diga o seu preço.

Lição 27
Mais uma lição de Claude C. Hopkins

Em certa ocasião, uma cervejaria que andava mal das pernas contratou Claude C. Hopkins (já citado aqui em outro contexto) para desenvolver suas propagandas. Até então, a cervejaria em questão aplicava as mesmíssimas técnicas de comunicação que todas as suas concorrentes também utilizavam. Tudo na linha do "beba"; "a mais refrescante", "a melhor cerveja do mundo".

Qual foi a saída que Hopkins encontrou para se diferenciar da concorrência? Ele encomendou uma página inteira de todos os jornais de grande circulação e contou a história da empresa fabricante da cerveja, entrando em detalhes sobre a família fundadora, as técnicas centenárias de fabricação da bebida, a qualidade dos ingredientes empregados, o maquinário, a água e por aí vai.

Resultado: um sucesso. E a cervejaria que foi salva da falência pela sua própria história na remotíssima década de 1920 existe até hoje, tornando-se uma das maiores do mundo. É a Miller, que desde 2016 faz parte do grupo Ambev. E reza a lenda que, na época, o dono da Miller, impressionado com os resultados obtidos após a campanha de Hopkins, quis saber como aquele milagre era possível, ao que publicitário respondeu da forma mais singela: "Porque fiz diferente de todos".

Todo storytelling começa, antes de qualquer coisa, com a história da sua vida e dos seus negócios. E isso inclui as histórias do seu fracasso também. Quanto mais fiel e fidedigna sua história, mais convincente, e quanto mais convincente, maior será o link entre sua marca, negócio ou serviço e sua audiência.

Todo storytelling começa, antes de qualquer coisa, com a história da sua vida e dos seus negócios.

Lição 28
Elementos que compõem o assoalho de uma boa narrativa

Vamos analisar agora quais são os elementos que compõem a construção de uma boa narrativa. Muita gente vai dizer: "Ah, Ícaro, tudo bem, eu entendi a importância de uma boa narrativa, de uma boa história, mas eu ainda não sei *criar* uma boa história".

E a resposta é: não crie. Apenas relate. Seja honesto na composição da sua narrativa. Toda vida é uma sucessão de vitórias e de derrotas. Seja fiel aos fatos e se preocupe apenas em ser claro, objetivo, direto e antenado às exigências do seu público. O público consumidor quer veracidade, a mesma veracidade que se deseja encontrar num produto.

O segundo ponto é a adequação do seu vocabulário. Fui bem incisivo alguns capítulos atrás ao falar da importância da objetividade e da simplicidade dos textos. Mas há casos em que o público desejará uma linguagem um pouco mais elaborada – por exemplo, no caso de produtos voltados para públicos mais intelectualizados. Ainda assim, fuja do rebuscamento desnecessário, para não tornar seu produto pernóstico. Ou, no caso de cursos voltados para o mercado financeiro, que tem a especificidade de não reagir tão bem ao humor, redobre a atenção. Aliás, já disse isso antes, não é?

Quando se está em meio ao processo de construção de um storytelling, é muito importante que você demonstre aplicação e resultados reais do que você está vendendo. Como disse há pouco, veracidade é um valor do qual não se pode abrir mão, sob o risco de cair em descrédito e ser desmascarado, com consequências trágicas para seu nome e sua imagem.

Recentemente, tivemos um caso célebre de uma pessoa que se apresentava com um currículo brilhantíssimo e que rapidamente conquistou uma posição de destaque em seu meio. Até que um dia tudo desmoronou quando se descobriu que ela falsificou sua história de vida.

Então qual é a melhor maneira de quebrar a objeção de um lead? Mostrando-lhe fatos reais, portfólio, depoimentos, cases de pessoas que ascenderam. No geral, todo mundo exibe montes de depoimentos em vídeo ("Ah, o meu negócio cresceu graças a tal solução"), mas não foque apenas nisso: pegue como exemplo uma foto do próprio negócio ou mesmo do site do cara: "Este negócio aplicou os nossos produtos, as nossas soluções, seguiu a nossa consultoria, cresceu e colecionou estes resultados". É um diferencial em relação ao que todo mundo faz. Depoimentos são importantes, mas são apenas uma parte do processo comprobatório.

Demonstrar aplicações e resultados reais é parte obrigatória da construção de um bom storytelling, principalmente porque sai do campo teórico, da abstração, e mostra para o lead exatamente aquilo que ele deseja e com o que ele se identifica.

Outra dica importante: ao longo do seu processo de storytelling, trabalhe a sensação de pertencimento com essas pessoas. Mostre que elas vão participar de um grupo, que vão encontrar pessoas ali que desejam as mesmas coisas que elas, que estão em busca dos mesmos resultados e que procuram pelas mesmas soluções. Que, em algum momento, um poderá ajudar o outro, servindo de suporte.

Meu grande amigo Joel Moraes costuma dizer assim: "Lembre-se sempre dos três pês: Pessoas Precisam de Pessoas". Quando você consegue proporcionar a elas não apenas soluções que mudem as vidas e os negócios delas, mas também um canal de contato com outras pessoas que buscam os mesmos objetivos, você multiplica o valor do seu produto.

É muito comum que vendedores de infoprodutos trabalhem com turmas anuais ou semestrais. É assim porque dá certo: podem coletar um público novo com muito mais frequência e não perdem o público antigo, que se sente "preso" às novidades graças às expectativas criadas. Então, nesse sentido, aplicar o abandono – de que o cliente perderá uma enorme oportunidade, o grande cavalo selado – é um gatilho muito bom de decisão de compra, principalmente sobre uma camada expressiva da sua audiência, que são as pessoas mais indecisas.

A minha esposa, por exemplo, é um pessoa incapaz de decidir em qual restaurante quer comer. Se ela parar na rua e alguém estender o cardápio e falar: "Você quer entrar e conhecer os nossos pratos? Tem umas promoções bem legais", ela entra. Esse cara pescou o cliente utilizando uma agressão. "Agressão" no sentido técnico da coisa: ele agrediu o lead e o trouxe para dentro. G. K. Chesterton dizia que a melhor maneira de valorizarmos a beleza da vida é perceber que a qualquer momento ela pode ser perdida. O abandono é isso.

Seja honesto na composição da sua narrativa. Toda vida é uma sucessão de vitórias e de derrotas.

Lição 29
A relação entre *éthos*, *logos* e *páthos* em um roteiro persuasivo

Falar sobre *éthos*, *logos* e *páthos* – conceitos criados por Aristóteles trezentos anos antes de Cristo, quando escreveu sua *Retórica* – pode ser intrigante para muita gente. Enquanto a maioria dos treinamentos de copywriting foca em fazer você decorar pequenos truques e gatilhos mentais, pretendo fazer aqui algo que tenho certeza de que vai fornecer ao meu leitor um assoalho mínimo de conhecimento. Esta leitura pode não transformar você em um redator profissional, mas, tenho certeza, te deixará muito melhor do que você era.

Estamos criando estrutura, história, narrativas, elementos que você precisa para a construção de um storytelling. Provavelmente, a primeira pergunta que você vai me fazer é: "Ah, Ícaro, entendo tudo isso, mas como é que eu equilibro a minha história? Quanto posso falar mal de mim mesmo, quanto devo assumir meus defeitos, falar dos meus próprios erros, de todos os perrengues que já passei? Quanto falo da parte boa? Quanto tempo gasto em depoimentos, em escassez, falando das propostas de mudança do meu produto, do meu serviço, do meu negócio?".

Quem delimitou tudo isso foi um cara chamado Robert Cialdini – um norte-americano de ascendência italiana, evidentemente – que escreveu *As armas da persuasão*. Ele descobriu que as melhores histórias, as que mais viralizavam, tinham a seguinte divisão: "Se o meu conteúdo tem cem minutos de leitura, de vídeo, devo fazer a seguinte distribuição: *éthos* equivalente a 10%; *logos* a 25% e *páthos* a 65%".

"Ícaro, não estou entendendo nada. Que diabos é isso?"

O.k., vamos lá, vou te ajudar. Para Aristóteles, existem elementos que se sobrepõem e que muitas vezes se contradizem, mas que, juntos, diante de um único discurso, complementam a mensagem, tornando-a mais confiante, mais crível, mais agradável. Esses elementos se dividem em três: *éthos*, *logos* e *páthos*.

Éthos está ligado à ética, a elementos que reforçam a autoridade de quem está falando. Dessa forma, é um conceito relacionado à honestidade, à autoridade do locutor. Então, no seu negócio, você precisa de *éthos*. Você precisa dizer qual seu histórico de resultados, quais foram os grandes projetos que você fez, o que o trouxe até aqui, o que você fez de grande que mudou a maneira como determinadas pessoas ou setores enxergavam e construíam as coisas, enfim. *Éthos* é isso, sua "carteiradinha". Dessa forma, *éthos* também é sua lisura. Mostrar que você é uma pessoa honesta, que sua empresa não tem problemas judiciais, que você tem a maioria dos clientes satisfeitos, que as pessoas endossam o que você vende. Dez por cento do seu tempo deve estar focado nisso: em mostrar que você é uma autoridade no assunto, uma pessoa honesta.

E *logos*? *Logos* diz respeito à lógica, mas também pode significar "ordem, às ordens de". Por exemplo, para a lógica cristã, Jesus é o *logos*, porque é a manifestação da vontade divina, o Verbo de Deus encarnado. Diante disso, sabendo que o conceito de *logos* deve ocupar 25% do tempo de seu conteúdo, eu lhe pergunto: seus argumentos fazem sentido? A história que você conta é lógica? Você colocou ordem nos seus discursos ou você já começou a história pelo final?

Por fim, *páthos* é a paixão. Cialdini diz que "as sensações que você é capaz de provocar são muito mais importantes do que a sua autoridade ou o argumento lógico das coisas". *Páthos* diz respeito às barreiras que você sofreu, ao momento em que você quis desistir, à volta por cima que você deu, às pessoas que você ajudou, ao tanto que seu negócio cresceu, às conquistas que você colecionou, à vida que você pode ter e a quanto disso você pode transferir às pessoas. Você deve preencher 65% da sua história, no discurso, com paixão, porque é isso que move o ser humano.

Você deve preencher 65% da sua história, no discurso, com paixão, porque é isso que move o ser humano.

Lição 30
O roteiro básico de uma narrativa bem-sucedida

Com mais da metade do livro percorrida, posso afirmar sem medo: ao fim desta leitura, você só não melhorará a sua escrita se não quiser.

Já abordamos a importância investigativa, a divisão de tempo entre *logos*, *éthos* e *páthos*, mas agora peço que me dê as suas mãos para que eu te conduza pela trilha da felicidade. Vou mostrar ponto a ponto como dividir um roteiro de maneira legal, como um mapa, para seguir as estratégias que já foram validadas pelo mercado.

Nos primeiros 20% do seu texto, é importante você introduza dor. Apresente o problema, conte a sua história da maneira mais humana e mais aberta possível. Revelando as suas necessidades e o quanto as pessoas duvidavam de você, mostre que você queria mais, queria sair daquele lugar e ir para outro, sem saber direito como, e teve de abrir mão de muitas coisas. Por que é importante fazer tudo isso? Porque a maior parte das pessoas está vivenciando uma situação assim.

Muita gente está insatisfeita com o próprio trabalho, o próprio peso, o próprio bolso. Estão infelizes com a maneira como gerenciam seu negócio, com seu resultado de vendas, com o relacionamento com o cliente, com a identidade visual da sua marca. Então, ao começar uma história por esse ponto, você de fato se conecta com essas pessoas. E justamente porque vocês são semelhantes, os resultados obtidos por você poderão eventualmente ser colhidos por ela. Reserve 20% da sua história – isso não é uma receita de bolo, então esse valor é uma estimativa – para essa abertura de leque. Quando você mostra que chegou aonde o outro gostaria de chegar, vocês podem compartilhar as mesmas experiências.

Perto dos 30% ou 35% do tempo é quando você despeja a gota d'água. Depois de passar vinte minutos construindo dificuldades, relatando o abandono, a força da decisão, parta para o *turning point*, o ponto de virada – mais conhecido como o momento em que você disse: "Basta! Agora vou tentar, nem que eu quebre a cara, porque não posso morrer do jeito que estou. Estou tão exausto que vou vencer até mesmo meus medos, as minhas inseguranças e vou tentar". Nesse ponto, que é como um beco sem saída, com as pessoas duvidando de você, houve a tão importante tomada de decisão: "É hoje, é agora! Eu vou mudar isso!".

Esse é o momento em que você consegue fazer o *drive* da sua história, deixando de falar sobre você e passando a falar sobre o outro, para o outro. A sua história não é sobre você, é sobre o seu lead, a sua audiência.

A partir de então, dos 35% do roteiro até os 90% – seja por vídeo, texto, e-book, documento, aula, premiere, webinário, não importa –, focalize a comunicação na solução. Porque, no fundo, é disso que o cliente precisa. Falando diretamente para ele, introduza as soluções, os produtos ou os serviços que você tem a oferecer.

"Ah, Ícaro, mas eu vendo sapatos, cara. Preciso disso tudo?" Procure o site de uma empresa chamada Kaufmann Mercantile. Eles vendem apenas produtos de alta qualidade por meio de storytelling. Ou você acredita que pagamos trinta reais pelo potinho de sorvete gourmet sem que haja uma história por trás disso? É só porque aquele sorvete é muito gostoso – apesar de ser gostoso mesmo? A verdade é que produtos físicos demandam história. Ah, e sobre vender sapatos? A empresa que mais investe no mundo é a Nike.

Mostre ao seu cliente que ele pode chegar aonde você chegou com a ajuda do conhecimento que você tem a passar ao longo de poucas aulas, poucos serviços, poucas horas de consultoria – conhecimento esse que você adquiriu ao longo de anos. No caso de produtos físicos, que demoraram anos para serem desenvolvidos até o ponto em que estão, mostre que você os fornece a um preço justo, para que ele se torne um cliente satisfeito.

O filé de qualquer roteiro é a solução. As pessoas chegam até você porque querem ter seus problemas resolvidos. Sua função é reconhecer isso e oferecer um discurso dosado entre *éthos*, *páthos* e *logos*, dando atenção especial aos 65% de *páthos* justamente para que o cliente se conscientize de que, diante de todas as soluções de que ela precisa, a sua é a que oferece o melhor custo-benefício.

Há três elementos fundamentais para um discurso eficiente. O primeiro deles: falar diretamente com quem está lendo, usando sempre "você", cumprindo a função de segunda pessoa. Quando falar de você, naturalmente, use a primeira pessoa, "eu". Escolha a linguagem com a qual seu nicho está acostumado. Seja direto, transparente e humano. Traga as dificuldades, mas trate-as como mola propulsora para as soluções que você está oferecendo.

Carta de vendas são sempre em primeira pessoa. Dever de casa: veja as cartas de vendas que a Empiricus produz. São sempre enormes, cheias de gráficos, cheias de números – um monte de *éthos* e *logos*, por serem do mercado financeiro. Se você for capaz de reduzir tudo aquilo em 30% do tamanho, você está bem na fita. Assista aos vídeos antigos do Érico Rocha, em que ele levava quarenta minutos para falar de um negócio. Tente falar a mesma coisa em cinco minutos.

Agora, um ponto polêmico: ao contrário do que muita gente advoga, não fique prometendo as informações para os próximos vinte minutos. Ninguém hoje em dia tem tanto tempo. "Caramba, Ícaro, eu vejo que esses vídeos longos funcionam porque as pessoas continuam vendendo." Bem, funcionar, funcionam. Mas talvez eles funcionassem ainda mais se fossem mais curtos.

Em minha defesa, esses vídeos longos estão encurtando. Em 2012, eles tinham em média quarenta minutos. Em 2015, caíram para quinze minutos e em 2017 para doze minutos. Estão cada vez mais curtos. Pessoas que antes faziam vídeos de 35 minutos hoje passaram para seis. Por quê? Você vai fazer o seu trabalho no vídeo de vendas. Quando o usuário chega ao vídeo, o trabalho já foi feito. Vá direto ao ponto. Não se preocupe em informá-lo novamente no vídeo sobre a história como um todo se você já fez isso lá atrás. Seja objetivo: diga o que você pode fazer, as transformações que pode causar, os problemas que pode resolver, a que preço, com quais garantias e de que forma esse conteúdo será acessado. E ponto-final.

O último dos elementos fundamentais para construção de um discurso eficiente é justamente contar uma história que faça sentido e que ao mesmo tempo faça parte da realidade da sua audiência. De nada adianta ter um grande storytelling, um grande arco de história, uma grande proposta, se ela não for condizente com a história das pessoas.

Um exemplo: imagine que eu esteja vendendo um curso de copywriting para redatores e diga: "Olhe, boa parte desse conteúdo será dado em inglês, então, você deve possuir no mínimo inglês avançado". Não importa se meu curso é completíssimo. Quem tem inglês básico simplesmente não vai comprar. E não vai comprar não porque a história não seja boa, mas porque não faz parte da realidade daquela pessoa.

Há ainda a barreira do preço. Se você entrar agora no MailChimp – uma das empresas com uma comunicação ótima, na minha opinião –, vai ver que eles são voltados para pequenos empreendedores, para quem quer se comunicar melhor e vender mais sem gastar muito dinheiro com isso. Ótimo. Então imagine se o remarketing de um concorrente pegar pessoas numa lista de *look alike* – uma lista que procura perfis semelhantes de pessoas – justamente no MailChimp e apresentar uma proposta melhor, com ferramentas mais completas, com recursos mais interessantes. Mas ela custa quinhentos dólares por mês. O deslocamento da realidade, nesse caso, é de preço, mas ainda existe o deslocamento de disponibilidade. Por exemplo: "Assine o Novo Mercado e tenha aulas conosco toda quarta-feira às 20h". "Caramba, Ícaro, estou na faculdade às quartas, às 20h. Não posso fazer essa aula." E eu respondo: "Mas você pode assistir ao curso gravado". "Ah, tudo bem, então vou fazer parte." O deslocamento da disponibilidade acabou. Mas se eu desse apenas aulas ao vivo, sem flexibilidade, eu perderia esse cliente, porque não faz sentido pagar por uma assinatura sabendo que não há flexibilidade para a agenda dele.

    Então, sua história tem que fazer sentido logicamente – *logos* –, mas ela deve também fazer sentido no preço, na disponibilidade e nas condições desse produto, serviço ou oferta para o seu lead. É isso que vai transformá-lo de comparador em comprador.

Seja direto, transparente e humano. Traga as dificuldades, mas trate-as como mola propulsora para as soluções que você está oferecendo.

Lição 31
Dez elementos persuasivos que não podem faltar na sua redação

David Ogilvy costumava dizer: "Se não vende, não é criativo". Persuasão é a arte de convencer alguém a realizar a ação pretendida por você.

Todos gostam de falar sobre o próprio negócio, sobre as suas paixões e sobre como amam o próprio trabalho. É por isso que nove em cada dez empreendedores diz: "Eu adoro falar, só não me peça pra vender!".

É claro. Vender não é natural, é uma pressão sobre o outro. Todos adoram ouvir histórias sobre produtos, serviços ou soluções... Mas puxar o cartão de crédito é outra história.

Conte o que você faz, ou sobre o seu negócio, para um amigo; pergunte o que ele acha. É bem provável que ele só faça elogios. Interrompa a falsidade e vá direto ao ponto: "Ótimo que gostou! Compra?". Você vai ver como tudo muda.

A persuasão é um jogo que envolve narrativa, insistência, alteração de estados mentais e de sentimentos. Separei aqui dez elementos que, combinados, potencializam muito os seus resultados.

1. Repetição dos elementos mais atraentes do produto
Quase sempre, os grandes chamarizes de um produto são os mesmos: *preço*, *proposta* e *condição*. E eles devem aparecer o máximo de vezes possível no seu texto. Repita sem dó, para que o lead memorize esses dados.

2. Seja consistente
Não crie toda uma cadeia de comunicação e depois desapareça. Seja consistente na sua produção e seja constante na sua co-

municação. Não comece falando sobre determinada coisa e acabe falando sobre um conteúdo completamente diferente. Não comece falando sobre a importância da sua audiência e depois termine com uma proposta de compra de tráfego. Nunca termine o seu discurso oferecendo uma mentoria para uma coisa totalmente diferente.

3. Fidelidade ao personagem
Se você assumiu um personagem, siga com ele incorporado até o final. Mantenha sua linguagem constante, seja um discurso coloquial, seja erudito. Se o seu discurso se concentra mais nos fatos, mantenha-se coerente, mesmo que aparentemente a primeira abordagem pareça não estar funcionando.

4. Prove e comprove
Apresente provas sociais: depoimentos de pessoas dizendo que utilizaram seus serviços, compraram suas consultorias e tiveram resultados são fundamentais no processo da tomada de decisão do seu cliente. Utilize metáforas, histórias, contos, analogias e trace comparativos, recorrendo ao *páthos*, ao discurso mais emocional.

5. Meça as narrativas
Siga a fórmula consagrada: comece trazendo todos os problemas e dificuldades existentes de uma forma que elas deem o devido caráter épico à sua história, mas sem que o lead se deprima e desista de você. O melhor é entremear a narrativa dos problemas com alguns toques de humor, dependendo do seu público, para "aliviar o ambiente" e sinalizar que a redenção, o *turning point*, logo virá. Logo depois dos contratempos, vire o jogo, conte qual foi a solução encontrada e relate seus sucessos. E dedique os 90% restantes à venda propriamente dita.

6. Trace prognósticos

Reconheça um problema ou uma grande oportunidade e mostre como ela irá se agravar ou acentuar no futuro. Esse é um grande trunfo no processo de sedução do lead. Se você está vendendo um curso, acene para as mudanças positivas que ele trará para o lead a curto, médio e longo prazo. Ou então opte por apontar para o escalonamento das dificuldades que a não compra do curso vai lhe acarretar.

7. Fale para apenas uma pessoa: o lead

Mesmo que você esteja de pé, num palco, diante de milhares de pessoas, e ainda que todas elas estejam ali pela mesma razão, sua narrativa deve tocar o coração e a mente de cada um deles de maneira individualizada. Portanto, evite falar em "vocês". Faça de conta que todos eles formam um único corpo e uma única cabeça e fale apenas para esse ente unificado: o lead. Há truques para deixar isso mais crível. Se tiver que se referir ao coletivo, dirija-se "ao grupo".

8. Conte sua história

Me perdoe se estou sendo repetitivo. Mas eu não acabei de dizer da importância de se repetir os itens mais importantes? Então veja a aplicação deste meu conselho na prática.

Vamos voltar a um dos pontos principais: a sua história. Conte-a. Faça de conta que você está diante de um psicanalista e se abra. Exponha suas dores e fracassos iniciais e depois relate (com muito orgulho) como você se deu bem e como graças a isso você está habilitado a evitar que seu lead passe pelos mesmos erros e dificuldades.

9. Lide com objeções

Esteja mental e retoricamente preparado para ter a resposta certa para quaisquer objeções que seu lead lhe apresente.

Pessoas que têm o moral baixa (e quem não se deixa contaminar pelo pessimismo quando está em meio a uma dificuldade?) quase sempre são especialistas em encontrar pretextos para seguirem em suas zonas de conforto. E é com base nisso que você vai trabalhar o seu repertório de respostas que colocarão as objeções do cliente num beco sem saída.

Digamos que você esteja vendendo um método de emagrecimento, mas seu lead alegue que "já tentou de tudo". Cabe a você convencê-lo de que ele não tentou de tudo se ainda não tentou o *seu* método, *capice*? É simples.

10. Utilize a escassez
Você sempre utilizará a escassez, seja por tempo, número de vagas ou por disponibilidade. Uma oferta sem escassez é como um barco sem motor: até pode andar, mas exigirá muita energia e sairá pouco do lugar. Boa parte das decisões são tomadas quando não podemos mais evitá-las, e quando você diz que um carrinho irá fechar é que os negócios começam a sair.

Não crie toda uma cadeia de comunicação e depois desapareça. Seja consistente na sua produção e seja constante na sua comunicação.

Lição 32
"Apenas isto": uma lição de Eugene Schwartz

"A publicidade é a literatura do desejo." Essa lição nos foi dada por Eugene Schwartz, outro dos grandes papas do marketing.

O que difere a publicidade da literatura? O que difere a redação publicitária de qualquer outro tipo de redação? Simples: é o fato de que trabalhamos com o objetivo de despertar um desejo imediato na mente do nosso leitor.

É nossa obrigação transformar as ofertas e os produtos, por mais simples que sejam, em objetos de desejo. O que difere um simples produto de um produto bem vendido é a quantidade de carga emocional embutida na sua narrativa de apresentação. Veja o exemplo da Nike, que com apenas uma frase ("*Just do it*") fundamentou uma campanha bilionária e bem-sucedida de vendas que já dura décadas. Com apenas três palavras, que jamais precisaram ser traduzidas para nenhum outro idioma, a empresa conseguiu imprimir um leque imenso de aspirações na mente do lead: sucesso, desempenho, beleza e atualidade.

De outra forma, a Coca-Cola também nos serve de case: em quase 130 anos de presença no mercado, a empresa sempre mirou seus slogans curtos, certeiros como um míssil israelense, no mais imediato dos desejos de um ser humano – saciar sua sede e gozar do bem-estar decorrente.

Então, quando falamos da construção do desejo dentro da nossa narrativa, já abordamos a figura da audiência, a figura do nosso próprio compromisso na construção e na criação do discurso e também a importância de desenhar tal discurso, de fazê-lo estar em todos os ambientes em que o nosso visitante esteja: redes sociais, funis de e-mail, chatbot e mensagens.

Agora, vamos falar um pouco sobre o verniz do desejo – a importância de criar, manter e conquistar esse desejo através do consumo. Sabe propaganda de perfume? Não existe nada mais subjetivo do que um perfume. Pense no desafio que é vender um odor apenas com palavras. Mas em geral essas peças trabalham muito os elementos lúdicos, grandes cenários, homens e mulheres lindíssimos, festas, trazendo sempre a ideia de que consumir o perfume trará ao consumidor aqueles elementos de distinção que todos buscamos para nossas existências.

O que difere a publicidade da literatura? O que difere a redação publicitária de qualquer outro tipo de redação? Simples: é o fato de que trabalhamos com o objetivo de despertar um desejo imediato na mente do nosso leitor.

Lição 33
A pirâmide do desejo

Quando estamos trabalhando com a construção de um discurso de desejo sobre qualquer produto, temos que pensar numa pirâmide. Não é bem um triângulo, pois ela tem profundidade. Essa pirâmide traz consigo todos os elementos que você precisa adicionar ao seu discurso, para que o Desejo – com D maiúsculo mesmo – de fato seja criado.

E quais são esses elementos? O primeiro deles é o desejo com D minúsculo, que é parte deste Desejo maior. Esse discurso deve trazer elementos de conquista e diferenciação sociais, ou seja, "através desse consumo eu adquiro qualidades e características que as outras pessoas ao redor admiram". Por exemplo, num curso de copywriting, digo que você vai se tornar um profissional melhor, que você vai entrar numa área em franca expansão, que você vai entrar em um mercado de baixa concorrência... Tudo isso são elementos técnicos que vão ser adicionados à sua carreira. Agora, quais são os elementos de desejo? Você vai aprender a falar melhor, a se portar melhor, a apresentar melhor o seu negócio, você vai ter uma aparência de percepção de valor maior, seu negócio vai parecer muito mais razoável, desenvolvido, elegante, sua empresa vai parecer muito mais comunicativa, comunicando-se muito mais claramente. Isso tudo se traduz em sucesso, em um bom negócio, em uma boa empresa, em um bom produto.

Outra prática que dialoga muito com esse desejo menor é o design. Um bom design confere uma percepção de ser maior. Então, sobre o desejo menor, o que você pode adicionar ao seu produto para dialogar com essas aspirações sociais?

Para um produto de emagrecimento: uma melhor apresentação, uma melhor autoimagem, mais autoestima. Se você está vendendo uma consultoria: um negócio que funciona melhor, que se torna mais eficiente, que traz mais faturamento. "Mais dinheiro" também dialoga com esse desejo menor, para as pessoas mais materialistas – e muitos de nós somos materialistas –, em maior ou em menor grau, porque vivemos no Brasil. Falo sempre que o Brasil é o país em que os indígenas trocaram terras por espelho. E isso tem certo poder de imagem, porque espelho é justamente algo que você utiliza para olhar para si mesmo. Então, somos, sim, materialistas, em maior ou em menor grau. Não sou a favor do materialismo pelo materialismo, mas sei que boa parte dos meus clientes me procuram para faturar mais, justamente para comprar um carro melhor, para trocar de apartamento, para fazer uma viagem pelo mundo.

O desejo menor é tudo aquilo que o seu lead conquistará que é importante para os outros socialmente. Eu sempre brinco dizendo que é o que vai fazer sua sogra e seu sogro dizerem: "Nossa, legal que você entrou para nossa família, hein?! Olha só, que orgulho, como você está tendo sucesso, se tornando bem-sucedido!".

O primeiro ponto é: como adicionar elementos sociais ao discurso da sua oferta? Você que trabalha com personal trainers, com consultoria, com administração, que tem uma ferramenta de gestão, que é contador, advogado, médico: qual é seu desejo menor, qual é a aspiração social que o seu serviço oferece ao cliente como contraprestação? Não estamos falando apenas do resultado, e sim de ganho social. Ele melhora a imagem do cliente? Ele produz mais dinheiro para o cliente? Ele te leva a uma posição superior?

Existem muitos cursos de certificação – MBAs, por exemplo – nos quais o produto é o certificado, mas o desejo menor é o diferencial, que vai dar mais peso para o seu currículo. Então pense se você está adicionando o tal desejo menor à sua proposta, à sua narrativa, à história da sua empresa ou ao seu produto.

No centro disso tudo, nós encontramos a originalidade. Não é preciso ou obrigatório que você seja original. Você não precisa ser o único no mundo a adotar aquele discurso, mas é importante que ele seja seu. É importante que de alguma maneira ele tenha um diferencial, uma pitada de originalidade que confira a diferença final entre você e o seu concorrente. Pode ser um nome de método, uma proposta diferente. Por exemplo, a WiseUp vende cursos de inglês num país onde todo mundo vende cursos de inglês. Qual o grande diferencial da WiseUp? "Inglês para adultos em 18 meses." Todo o material da escola é voltado para adultos, com exemplos, vocabulários e práticas do idioma direcionados para a vida profissional.

O terceiro ponto é a pessoalidade. É importante que você sempre continue dialogando com o lead, sempre falando com ele em primeira pessoa, sempre se comunicando com ele de maneira próxima, sempre respondendo aos seus e-mails e aos seus pushs, às suas mensagens nas redes sociais. Mas isso é mais importante ainda quando ele se torna o seu cliente, porque muitas empresas trabalham essa proximidade apenas para atrair clientes, quando eles não fizeram onboarding. Mantenha-se pessoal! Acabe com aquelas mensagens automáticas pós-envio de e-mail. "Sua mensagem foi recebida com sucesso e será respondida dentro dos próximos dias." Caramba, nos próximos dias? Será que essa dúvida não poderia ser respondida agora?

Tente encurtar o horizonte de respostas entre as mensagens enviadas e as respostas recebidas. Isso também é pessoalidade. E atenção à linguagem do seu grupo! Fale como eles, valorize a mesmas coisas que eles, dê função aos desejos que eles têm, reforce o medo das coisas ruins que podem acontecer mediante a inação, mantenha-se na linguagem deles. Porque se a linguagem não for própria do seu grupo, vai haver descolamento, e aí o envolvimento é mais difícil. Então, vamos lá: quando a gente fala de literatura de Desejo – Desejo agora maior – a gente fala de desejo menor, de originalidade, de pessoalidade e de linguagem.

Não é preciso ou obrigatório que você seja original. Você não precisa ser o único no mundo a adotar aquele discurso, mas é importante que ele seja seu.

Lição 34
A busca pela autoridade no mundo digital

A palavra agora é AUTORIDADE. Esse é um status que pode levar anos para ser conquistado, e isso vem de diversas formas. A primeira é pela posse de títulos acadêmicos. Confesse, você tende a aceitar que um ph.D. tem muito mais autoridade do que um simples blogueiro, não é verdade? Mas essa é uma regra imutável? Será que uma titulação acadêmica necessariamente confere ao seu detentor uma autoridade incontestável?

Pense comigo: será mesmo que um ph.D., digamos, em física quântica tem mais autoridade para falar de economia do que um blogueiro que há anos estuda economia? Óbvio que não! E ainda que estejamos comparando um ph.D. em economia com um blogueiro de economia, ambos falando sobre (adivinhe só?) economia, será que o blogueiro não pode ter saberes diferenciados dos do ph.D.?

Basta situar: um acadêmico publica *papers* elaboradíssimos no ambiente da academia, que levam anos para serem pesquisados, escritos e aprovados pelos seus pares, enquanto o blogueiro está todo dia na ativa, lendo, escrevendo, mantendo contato com outros entendidos no assunto (talvez até com outros ph.D.), o que lhe propicia um estado de imersão quase tão completo quanto o do acadêmico, mais prático e dinâmico.

Portanto, a autoridade da qual falamos e que buscamos não depende de titulações, mas da credibilidade que vem com a prática e com os exemplos obtidos.

A internet funciona conforme as regras de duas empresas: Google e Facebook. Elas sozinhas é que decidirão se seu produto merece uma vitrine de destaque ou se ele vai para gôndola dos cacarecos. O Google vai ranquear seu conteúdo de acordo com originalidade, antiguidade, produção de conteúdo, volume, regularidade de produção, número de acessos e de interações (se o usuário curtiu, distribuiu, compartilhou, comentou etc.).

Tudo isso colocará o blogueiro na frente do ph.D. quando um interessado buscar no Google por um conselho, tipo "devo investir na poupança ou em renda fixa?". Porque, como eu disse, enquanto o titular levou meses ou anos para produzir um documento, o blogueiro esteve frenético postando um mundaréu de pequenas informações que o elevaram aos primeiros lugares na busca.

A manutenção da autoridade depende exclusivamente da credibilidade. Porque você pode produzir material adoidado, mas se não houver nada de aproveitável nele, você fatalmente naufragará e perderá seu moral. O público não perdoa os embusteiros.

Primeiro passo: você gera conteúdo e as pessoas são atraídas por ele. Elas passam a te seguir e criam um elo com você e com suas produções. Gostam de você e acreditam que você está ganhando mais relevância. Então passam a procurar cada vez mais conteúdo seu na internet. Pronto! Você adquiriu a autoridade de que falamos no início do capítulo.

Quer uma prova disso? Muitas pessoas postam no meu perfil pessoal no Facebook a seguinte frase: "Ícaro, se é um texto seu, eu curto primeiro e leio depois". Por que que isso é importante para mim? Vamos dividir em duas partes: para mim, Ícaro, isso é importante emocional e profissionalmente, porque a validação do meu trabalho é um sinal de que as pessoas gostam do que eu produzo e de que acreditam nas minhas palavras e ideias. Mas vamos esquecer o Ícaro e pensar um pouco no negócio do Ícaro. Por que esse "curto primeiro e leio depois" é tão importante? Primeiro a explicação técnica: o Facebook, como qualquer outra rede social, aumenta o tráfego e expande o alcance mediante a ação. E quando é que a gente mais precisa de ação, de curtidas, comentários, compartilhamentos? Logo no começo, para tirar o texto do deserto. Então, quando as pessoas curtem antes e leem depois, elas estão ajudando o seu conteúdo a ser distribuído. Segundo ponto: porque um feedback positivo tem o poder de "contaminar" outras pessoas e de retirar delas possíveis prevenções contra o novo.

A experiência positiva do outro, mesmo que de um desconhecido, é um fator decisório para a tomada de posição de um novo leitor ou de um novo cliente. É a garantia da sua autoridade pessoal e da sua credibilidade diante do mercado. Não é à toa que empresas como a Amazon passaram a investir muito mais em sistemas de ranqueamento para seus produtos. Isso aumenta *muito* as vendas.

Uma das maiores provas do poder da autoridade pessoal está no Facebook. Você já reparou que ele nos oferece a opção "Ver primeiro" para ser aplicada àqueles contatos a que damos maior importância? Isso decorre exatamente da busca que todos fazemos – ainda que inconscientemente – por modelos. Aquele contato que você admira acima dos demais acaba marcado com a opção "Ver primeiro" e vira um farol, um norte, um exemplo para você. Busque ser essa pessoa!

Se você usa a sua rede social da forma correta, se aplica uma boa construção de narrativas e se torna um objeto de interesse para seus contatos, você naturalmente estará habilitado para servir de modelo e para agregar valor a um produto que deseja vender.

Ainda falando de autoridade, peguemos o caso célebre da campanha da Friboi com Roberto Carlos. Vejam como ela funcionou (antes dos escândalos do papelão e das propinas) tão perfeitamente, mesmo usando como garoto-propaganda um notório vegetariano. Lembra que o Roberto Carlos nem mesmo tocou no bife que lhe foi servido? Como isso tem lógica?

A resposta está numa coisa chamada neuromarketing, que estuda o impulso de consumir de acordo com a ciência e a história. E, de acordo com essa corrente, todos carregamos em nós alguns resquícios do passado, de quando ainda éramos seres cuja sobrevivência dependia exclusivamente da comunidade mais próxima (nossas famílias, clãs e demais formas de agrupamento social primitivo). Então, de acordo com as teorias do neuromarketing, ainda estamos inconscientemente conectados àqueles que julgamos serem familiares para nós. E quem não conhece o Roberto Carlos a ponto de programar seu inconsciente para crer que ele é um dos nossos, confiando em uma peça publicitária que o tenha como garoto-propaganda?

E como o Roberto Carlos chegou a este ponto? Bem, acho que não preciso rememorar os mais de cinquenta anos de carreira dele e a enorme fama que ele carrega nas costas para exemplificar o que já está contido na palavrinha mágica deste capítulo: autoridade.

A experiência positiva do outro, mesmo que de um desconhecido, é um fator decisório para a tomada de posição de um novo leitor ou de um novo cliente.

Lição 36
Um ambiente propício para a compra

O que torna a internet diferente do mundo físico? Como funcionam os mecanismos de compra e a seleção básica dentro do coraçãozinho daquele ser humano entediado que acaba fazendo uma compra no mundo físico?

Tal como no mundo real, na internet cabe tudo. Mas, também como no mundo real, nem todos os ambientes onde você pode "estar" na internet têm um apelo comercial. Então estamos falando da diferença entre um shopping e um hospital, por exemplo. No primeiro, podemos entrar com o objetivo de apenas bater perna, passear, ver gente, apanhar o ar-condicionado num dia de calor, fazer com que as crianças parem de destruir a casa etc. Já no segundo, só vamos quando há um motivo muito objetivo para estar lá.

É bem verdade que você pode consumir dentro de um hospital. Na cantina, por exemplo. Mas isso não muda o fato de que shoppings foram feitos para quem quer, pode e irá consumir. Diferentemente de hospitais.

A explicação é evidente: um shopping é um ambiente propício às compras. Esta é a razão de existir deles. Inclusive, tudo em um shopping é planejado para te fazer consumir mais. Você sabia que os arquitetos pensam meticulosamente em formas para te fazer percorrer mais metros até a saída, para que você passe pela frente de um número maior de lojas e seja submetido a mais apelos por compras? Esse é o nível.

O mesmo ocorre na internet. Um site de vendas deve conter elementos que façam da navegação por ele uma experiência semelhante à de se passear num shopping. E o mesmo acontece com um texto publicitário.

Quantas vezes entramos num shopping em busca de um produto específico e saímos dele com outras coisas além daquilo que nos levou até lá? Um site de vendas bem planejado provoca os mesmos impulsos em quem o visita. E as técnicas para isso são as mesmas. A primeira delas é a visual: fazer com que o cliente se depare com outras mercadorias oferecidas. A segunda é apelar às promoções.

O que ocorre tanto em ambientes no mundo real quanto nos virtuais é que somos naturalmente programados para consumir. E, mais uma vez, a explicação disso está no nosso passado primitivo, quando era impossível passar por uma árvore carregada de frutos ou por um bando de animais sem tentar ao menos colher ou caçar alguma coisa para si e seu bando. Um shopping ou um site de vendas é como um bosque cheio de oportunidades de caça e de colheita.

Mas há um ponto que diferencia o virtual do real, com vantagens para o primeiro: o fato de que o Google é a única forma existente de chegar de forma direta até o objeto de seu desejo. Mas a vantagem acaba por aí, já que entre o momento em que você executa a compra e o momento em que você recebe o objeto comprado podem se passar até mesmo semanas. Da loja, você já sai com a compra em mãos, para uso ou consumo imediato.

A internet compensa essa deficiência com mecanismos de diferenciação de ofertas. Diferentemente de um cartaz, ela "lê seus pensamentos" e sabe se colocar diante de você com uma oferta relativa àquilo que você deseja. É o tão falado e pouco compreendido algoritmo, que se baseia no seu histórico de buscas para desenhar um perfil e assim prever que tipo de coisas você quer.

Mas o que esperar dos próximos anos? Acredito que os algoritmos vão ficar cada vez mais inteligentes e mais capazes de prever seus desejos. Com isso, a experiência de comprar e de vender pelo mundo virtual se tornará cada vez mais apurada e agradável.

Mas voltemos para o shopping. Você deve ter reparado que todo shopping possui pelo menos uma hiperloja, que ocupa uma fração considerável da área total do mesmo. São as chamadas "lojas âncora" – negócios grandes e possuidores de um renome alto o suficiente para serem, sozinhas, grandes chamarizes para um shopping.

Na internet isso não ocorre. Você pode ir a um shopping pensando em comprar algo na C&A e acabar comprando também nas lojas menores ao redor. Mas na internet, quando se quer comprar, digamos, uma gravata, digitando "venda de gravatas" no Google você chega a uma loja virtual de gravatas sem ter que passar por nenhum corredor repleto de vitrines e tentações.

Quando você compra um anúncio para sua empresa de contabilidade, vai atingir pessoas interessadas no seu perfil de compra, na sua idade ideal, na sua localização. Você vai chegar a essas pessoas, e não importa se outra empresa de contabilidade é cem vezes maior. Às vezes ele nem está na internet. Às vezes ele está torrando tudo em outdoor, na televisão, valores que para você, que é menor, muitas vezes são impeditivos. Então, a internet é o meio mais democrático do mundo para anunciar, para ser visto, para expor o seu produto. Aproveite a democracia internética.

Então, a internet é o meio mais democrático do mundo para anunciar, para ser visto, para expor o seu produto.

Lição 37
O poder (negativo ou positivo) das experiências

Vamos retornar à questão da autoridade: quando chegamos ao mundo, nossa primeira noção de autoridade é ministrada pelos nossos pais. A autoridade paterna e materna é essencial na formação intelectual e moral de uma criança. Ela balizará toda a disciplina que guiará um indivíduo ao longo de sua vida.

Vêm dos pais os exemplos mais básicos de comportamento. Crianças criadas sem autoridade crescem perdidas e se tornam adultos irresponsáveis. Mas o autoritarismo – que é a aplicação perversa da autoridade – está sempre à espreita.

Um dos casos mais célebres de uso abusivo da autoridade está no não menos célebre Experimento de Milgram, no qual uma equipe de pesquisadores simulou uma experiência científica diante de um público de quarenta voluntários, sendo que cada um deles tinha a função de aplicar choques elétricos potencialmente mortais em uma suposta vítima. O fato é que nada menos que 65% dos voluntários "aplicaram" uma voltagem potencialmente mortal na "cobaia", impelidos apenas por quatro frases ditas pelo dr. Stanley Milgram: "Por favor, continue"; "O experimento requer que você continue"; "É essencial que você prossiga" e "Você não tem escolha a não ser continuar".

Não, eu não quero que você abuse da sua autoridade. Estou apenas dando um exemplo do poder que a autoridade exerce sobre as pessoas. E de como você pode usá-la para o bem, e não para o mal.

Quer um exemplo bem básico e eficiente de autoridade? Ciro Bottini. Para quem ainda não ligou o nome à pessoa, Bottini é aquele cara louro e agitado do canal de vendas Shoptime. Qual era o seu bordão? "Compre, compre, compre!" Assim mesmo, no imperativo, no grito, três vezes repetidas, quase agressivo, se não fosse pela sua incontestável simpatia.

E quem mais tem a mania de falar três vezes a mesma palavra? Essa é fácil! Ele mesmo, Silvio Santos, o maior vendedor brasileiro de todos os tempos. O cara que foi de camelô das ruas do Centro do Rio a bilionário das comunicações usando apenas um sorriso, sua voz inigualável e um senso de oportunidade que só pode ser definido como sobre-humano.

Bottini e Silvio Santos são provas vivíssimas do conselho que dei na lição 31, em que enumerei os dez elementos persuasivos que não podem faltar na sua redação: o poder da repetição. A repetição confere poder de autoridade.

E como ambos descobriram que tinham esta vocação? Simples: experimentando. Experiência é tudo, e você não precisa usar um jaleco branco como o dr. Stanley Milgram (suponho). Experimentar é tentar. E fracassar. E tentar de novo. E fracassar de novo. Mas aprender, de experimento em experimento, de fracasso em fracasso, ajustando suas tentativas de acordo com cada resultado obtido. O sucesso, quando chegar, será seu diploma de autoridade.

Experimentar é tentar. E fracassar. E tentar de novo. E fracassar de novo. Mas aprender, de experimento em experimento, de fracasso em fracasso, ajustando suas tentativas de acordo com cada resultado obtido.

Lição 38
Os signos da autoridade

Quem não treme diante de uma farda? Quem nunca ouviu a frase "respeite a polícia"? E o que uma farda tem de tão diferente que lhe confere uma autoridade aparentemente total?

Aquele monte de penduricalhos tem uma função que vai muito além da estética. Cada bordado daqueles tem um significado que confere a quem os enverga uma distinção. Dependendo de quantos e de quais sejam os distintivos (reparou na confluência das palavras? Distintivo e distinção?), o poder aumenta ou diminui. Mas sempre há muita exibição de poder em uma farda.

No nosso caso, nossos penduricalhos, nossos distintivos, nossas fardas, são imaginários. Mas podem ser tão identificáveis quanto os de qualquer guardinha. Como eu disse antes, nosso grande signo de distinção é a reputação. Quando se conquista a reputação do mercado, tem-se em mãos um poder semelhante ao do sujeito de uniforme que lhe diz "vá por aqui" ou "vá por ali".

Aliás, isso de uniformes me fez lembrar de outra experiência interessante. Um certo Dean Rieck certa vez se fantasiou de segurança de banco e se colocou na frente de um caixa eletrônico. Cada vez que um correntista se aproximava da máquina para fazer um depósito, Dean se aproximava e dizia: "Não faça isso, pois o caixa está com problemas. Me dê seu envelope e eu mesmo farei seu depósito na boca do caixa".

Num país acostumado a toda sorte de trambiques e de trambiqueiros como o Brasil, talvez a experiência de Dean Rieck fracassasse na primeira tentativa. Mas o fato é que nos

Estados Unidos a maioria das pessoas simplesmente cedeu ao poder do uniforme do farsante e lhe entregou seus envelopes cheios de dinheiro sem pensar duas vezes.

E mais uma vez eu lanço um desafio para você: quais são os seus distintivos? Que fatores você utilizará para conquistar a confiança absoluta e automática de seus clientes? Títulos acadêmicos? Portfólio?

Quais são os seus distintivos? Que fatores você utilizará para conquistar a confiança absoluta e automática de seus clientes?

Lição 39
Autoridade não se ganha

No meio militar, espera-se que cada promoção de patente seja conquistada através de muito empenho. Em tempos de paz, com trabalho, disciplina e método. Na guerra, com bravura e coragem.

O fato é que a distinção, o signo do seu mérito, em geral vem por meio das suas atitudes. Soldado que ascende na carreira com base no "dedaço" de um superior bondoso dificilmente tem futuro. E menos ainda receberá em troca o respeito de seus pares. Portanto, autoridade não se ganha, mas se conquista. De qualquer forma, quem a dará serão os outros. No seu caso, a medalha virá de sua clientela.

Se você produz conteúdo bom, verdadeiro, há muito tempo, se você dialoga com as pessoas, resolve problemas, expõe casos, trata questões de maneira interessante, se traz soluções inteligentes para os seus clientes e coleciona esses resultados, mostrando-os à sua audiência de tempos em tempos, isso lhe confere autoridade.

Um exemplo: algumas pessoas chegam até mim, semanal ou mensalmente, e falam: "Cara, me indicaram você, Fulano me indicou você, Beltrano me indicou você, posso te passar meu WhatsApp para fazermos um orçamento? Meu caso é tal". Essa pessoa não veio perguntando onde eu me formei, pedindo meu portfólio. A indicação é uma transferência direta de autoridade.

Sabe qual é o maior cargo de confiança que eu conheço? Babá. Nada do que eu faça é mais importante do que o que uma babá faz. O pior erro que eu possa cometer dentro de uma empresa não se compara a uma babá que derrube uma criança da janela. E como é que eu escolho a babá para o meu filho, quando a Maria não está disponível? Como é que eu escolho quem vai cumprir a folga da Maria? Bom, converso com a minha esposa, que geralmente vira para a Maria e diz: "Maria, me indique alguém de confiança!". Transmissão imediata de autoridade.

Então, se você não tem grandes títulos, grandes cases, se você ainda não tem um portfólio, produza conteúdo que resolva a vida das pessoas! Levante questões e resolva! Levante problemas e resolva! Diga como determinado projeto poderia melhorar! Entre no site de alguém e faça *cold call* ou mesmo um *cold mail*. Entre no site de alguém, identifique os erros que ele possui e proponha como melhorá-lo! Vá até a seção de contato e escreva: "Olha, cara, eu trabalho com marketing digital, sou redator, trabalho com campanhas de redes sociais. Acho que você poderia melhorar aqui, aqui e aqui. Acredito que você possa melhorar o seu resultado em X porcento. Gostaria de conversar comigo?". Você não está resolvendo nada para ele, está apenas expondo um problema. Ponto. Agora é só fechar com o cliente. Mande cinquenta e-mails desses por mês e te garanto que dois ou três você vai fechar todos os meses. Em seis meses, você vai ter vinte clientes. Vinte clientes são suficientes para você usar como portfólio para qualquer coisa que você pretenda fazer na vida.

Lição 40
Os cinco pês

Agora, vamos deixar o texto um pouquinho de lado para focar em você como redator publicitário. A seguir, você vai encontrar os cinco pês essenciais que farão de você um redator publicitário ainda melhor.

Esses elementos, com poder descritivo ou de narrativa, adicionam potência ao seu discurso, à sua proposta ou ao momento do seu push de vendas. São eles:

1. Premissa
Quais são os seus motivos? Quais são as suas causas? Se você não tiver um grande motivo para fazer acontecer (lembra-se do *páthos*?), você vai fracassar e ponto-final! Portanto, encontre a sua premissa profissional antes de tudo.

Citarei a minha: ensinar pessoas a se comunicarem de verdade. Pronto, numa sentença de apenas sete palavras está contida a minha grande premissa, que me enche de paixão para seguir em frente dia após dia.

2. Promessa
O que seu negócio promete? Quais são as melhorias que seu texto, sua carta de vendas, seu funil de e-mails promete? Seu bot só sabe fazer spam? E quanto às curvas de aprendizado que você promete? Quais são as melhorias que você promete? Cada texto deve trazer em si uma promessa. Lembre sempre que o motivo de a sua empresa ou a sua oferta existir é o seu produto e todas as experiências embutidas nele. O lead só vai olhar para o seu produto se

achar que a sua promessa atende às necessidades e aspirações dele.

3. Picture (o quadro que você pinta para a sua audiência)
Que quadro você pinta para seu cliente? Este é o ponto em que entra a estética da venda: o uso correto e a seleção criteriosa de figuras – tanto de imagem quanto de narrativa –, passando pela aplicação correta das ferramentas. Por exemplo, você atentou para seu site ser capaz de ser visualizado confortavelmente tanto em computadores quanto em smartphones? O uso correto das ferramentas estéticas e de funcionalidade traz conforto e credibilidade para seu lead. Transportando para o mundo real, seria como abrir uma loja sem limpeza, sem reboco nas paredes e com uma decoração de mau gosto.

4. Prova
Quais são as provas de que, de fato, o seu conteúdo merece considerado, lido e consumido até o final? E não estou falando de prova social, como já foi mencionado. Vamos falar de você como redator. Quais são as provas que o seu texto oferece? Antes de chegarmos à prova do produto, temos de falar da prova do texto. É importante que seu texto contenha pequenas amostras das grandes provas reais. Porque se você argumenta sem prova, é capaz de que o leitor nem continue te acompanhando até o momento em que você vá fazer a oferta.

5. Push
Este é o último momento pré-oferta. Conheço gente que só faz push: "Compre, ligue, venha". E só. Também tem gente que nunca faz push, que só conta história. Isso aumenta o número de seguidores, mas não há o push. Os dois casos são ruins.

A pessoa que só faz push perde credibilidade. Os usuários nem acreditam mais que é uma promoção de verdade, porque ela vive anunciando promoção. Mas o cara que fica lá falando, resolvendo problemas, atendendo as pessoas, com tanta vergonha de oferecer algo pela primeira vez e tanto medo de ser malvisto, do que as pessoas vão achar, nunca "pusha", nunca aperta o gatilho. Nesses casos, digo que "você tem cem mil reais em cima da mesa. Pega isso logo! Pega e investe mais em equipamento, produz mais conteúdo, usa isso para as pessoas verem que você está usando esse dinheiro para fazer com que elas recebam algo ainda melhor".

Lição 41
A importância da primeira frase

Dizem que a primeira impressão é a que fica. O mesmo vale para a primeira frase de um texto. Ela deve ser impactante e ter o poder de "colar o leitor na cadeira", instigando-o a ler todas as demais frases que a sucederão.

Você se recorda da primeira frase desse livro? "Olha, você tem uma sorte danada." E nessas poucas palavras, eu procurei deixar claro a você que este é um livro incomparável. Tudo que você leu desde então, até que você chegue à última linha da última página, está dentro desse mesmo espírito: este é um livro único e quem teve o privilégio de se deparar com ele tem uma sorte sem igual.

A primeira frase é o que mantém um texto funcionando ou não, seja no Facebook, no feed do Instagram ou no seu blog pessoal. Não é a primeira frase que vai definir se o seu texto vai ser grande ou não, se vai viralizar ou não. Mas é ela que vai decidir se seu texto vai se arruinar ou não. A primeira frase é curta, polêmica, genérica e tem personalidade. Então não adianta você fazer um texto sobre algo que está em voga no momento. "As pesquisas do Datafolha concluíram que no segundo turno, quando o candidato tal enfrentar os demais candidatos, acabará sendo vencido por qualquer um deles." Não vai funcionar. Em contrapartida, olha uma primeira frase que funciona: "Datafolha diz que o candidato tal perde contra todos e eu duvido de que isso seja verdade". Pau! Acabou! Segue o baile! A primeira frase deve conter esses elementos.

"Ah, Ícaro, mas o resto do meu texto deve acompanhar esse ritmo?" Não. A sua primeira frase e seu último parágrafo de-

161

vem ser os mais fortes. O miolo dele pode ser mais ponderado, mas a primeira frase e o último parágrafo são aqueles elementos que precisam ter mais personalidade dentro de um texto.

Agora chegamos a um ponto que costuma ser o erro de nove em cada dez redatores principiantes. É aquela ideia fixa de que para escrever bem são necessários raciocínios complexos, traduzidos em frases longas e cheias de expressões difíceis. Na redação, assim como na vida, *"keep things simple"*.

Falando em inglês, uma das frases mais lembradas na língua de Shakespeare é *"To be or not to be"*, que Hamlet emite no momento em que enxerga a possibilidade de sua própria morte. "Ser ou não ser" é um exemplo perfeito da eficiência de uma sentença curta. Eu costumo dizer que o seu primeiro dever como bom escritor não é produzir muitos textos, mas apenas textos eficientes. Isso é o que faz de você um comunicador. Tanto faz se você seja um interessado em se tornar um redator publicitário ou um empreendedor que queira utilizar conteúdo para tornar seu negócio mais interessante, rentável, lucrativo, chamativo. A sua primeira tarefa deve ser resumir.

E se você ainda está se perguntando por que é tão importante manter as coisas simples, trago aqui um estudo de 2013 que diz que 50% dos estudantes universitários dos Estados Unidos são incapazes de compreender textos com períodos longos e argumentações complexas[1]. Preste atenção no seguinte: estamos falando de estudantes norte-americanos, do país mais rico e desenvolvido do mundo. Pois saiba que, aqui no Brasil, sete em cada dez estudantes saem do ensino mé-

---

1   Estudo divulgado em 2014 pela Organization for Economic Cooperation and Development dos Estados Unidos. Disponível em: https://www.washingtonpost.com/news/answer-sheet/wp/2016/11/01/hiding-in-plain-sight-the-adult-literacy-crisis/

dio incapazes de compreender textos básicos, de complexidade mínima[2].

Isso é resultado da incapacidade do sistema de educar pessoas somada à inaptidão natural que algumas pessoas têm para entender o processo de leitura, associação, interpretação e entendimento. Mas, ao mesmo tempo, elas estão com um aparelhinho permanentemente ligado nos bolsos, demandando atenção 24 horas por dia. E é dentro dele que você vai trabalhar.

---

2   Pesquisa feita a partir dos resultados do Saeb (Sistema de Avaliação da Educação Básica) realizado em 2017. Disponível em: https://g1.globo.com/educacao/noticia/2018/08/30/7-de-cada-10-alunos-do-ensino-medio-tem-nivel-insuficiente-em-portugues-e-matematica-diz-mec.ghtml

A primeira frase de um texto deve ser impactante e ter o poder de "colar o leitor na cadeira", instigando-o a ler todas as demais frases que a sucederão.

Lição 42
O momento eureka

Por fim, fiz questão de separar as frases que admiro – seja de grandes copywriters, empreendedores, comunicadores ou pessoas de sucesso – para que você possa aproveitar, assim como eu aproveitei, um pouquinho da genialidade deles.

São pensamentos que, de uma forma ou de outra, produziram efeitos que duram até hoje, seja na minha forma de trabalhar, na minha filosofia de vida ou na maneira como toco os meus projetos.

Você deve ter percebido que a maioria dos nomes que citei até aqui são de publicitários pioneiros, de gente que viveu entre os séculos XIX e XX, quando a publicidade e o mercado de consumo de massas estavam nos seus primórdios.

Agora quero trazer os exemplos da nossa era. São os conselhos e as vivências daqueles que atuam no mercado de hoje, com suas constantes revoluções. É o caso de Gregory Ciotti, um dos mais jovens e promissores experts de marketing digital do momento. É dele a expressão "momento eureka". Para quem não sabe, *eureka* significa "descobri" em grego antigo, e teria sido a palavra que Arquimedes berrou ao entrar numa banheira e ter um insight sobre volume e densidade dos corpos.

O "momento eureka" de Ciotti é justamente o ponto específico em que a história se divide entre elementos primários negativos e elementos primários positivos. Imagine uma história, que começa em determinado ponto e termina em outro. Nela há suspense – ou seja, momentos de pequenas vitórias e de pequenas derrotas, as microvitórias e microderrotas que não tornam inviável a jornada do seu cliente. Do mesmo modo, também não o colocam num pódio: são coisas da vida, simplesmente. Todo mundo acorda, vai trabalhar e vivencia microvitórias (como quando o chefe fala: "Você mandou bem nesse relatório!"). Elas não fazem ninguém virar o dono do Google, mas fazem qualquer um se sentir bem, simplesmente. Aí você vai sair para comer, é assaltado e levam o seu celular – uma microderrota. Não mudou a sua vida, mas causou desconforto. O que seria uma verdadeira derrota? Se o assaltante, quando fosse roubar seu celular, desse um tiro e você morresse. Fim da história. Temos esses momentos "micros" o tempo inteiro. O que é o "momento eureka"? É, dentro da narrativa, geralmente depois dos 60%, 70% do roteiro (para qualquer campanha, não somente para documentário), o cliente passar por uma série de momentos micros, chegar e dizer "Caramba, consegui! Consegui encontrar a resposta!". "Eureka" para o seu cliente é quando ele se depara com o seu produto e percebe que ele pode fazer uma mudança real na vida dele. "Eureka" para você, que conta a história para o cliente, é quando – cansado de tentar mais uma coisa e não conseguir, de fazer o trabalho com mais esforço do que resultados, de largar o seu emprego e tentar fazer o que sempre sonhou – finalmente encontra o seu elixir, um método. É quando você desenvolve isso.

Aqui vão mais dez frases que participaram, de uma forma ou de outra, da construção do Ícaro que vocês conhecem hoje. São eles:

> Ryan Holiday: "Think progress, not perfection."

Para mim, é isso. Fiz questão de começar com o Ryan porque o seu livro *Acredite, estou mentindo* é até hoje de cabeceira para mim. Impactou diretamente na maneira como escrevo, comunico, construo narrativas e vendo.

De novo: é isso. Pense em progresso, não em perfeição. Pense em aprendizado em vez de realização. O sucesso virá, entre inúmeros fracassos – e eu te garanto: ele irá embora e você terá que conviver com mais um monte de fracassos antes de vê-lo retornar.

Faça. Levante-se da cadeira e faça. Faça, faça e faça.

> **David Ogilvy:** "The creative process requires more than reason. Most original thinking isn't even verbal. It requires 'a groping experimentation with ideas, governed by intuitive hunches and inspired by the unconscious'. The majority of business men are incapable of original thinking because they are unable to escape from the tyranny of reason. Their imaginations are blocked."

Não poderia ser diferente: David Ogilvy fez e faz parte da minha vida; e essa é a minha frase preferida dele. Se você acredita que a escrita é um processo puramente técnico, tenho uma notícia ruim para te dar: você nunca será um escritor de verdade.

Talvez você venda bastante – às vezes até mais do que eu! –, mas não importa. Para nós, escritores, há outros elementos a serem analisados. Uma boa campanha envolve narrativa, trama, enredo, sentimentos...

É gente falando de gente, sobre coisas de gente. Não se deixe dominar por números, métricas e valores; eles são importantes, mas não são tudo.

E lembre: ao final, todos esses homens de negócios, engravatados, sumirão do mapa, mas nós ainda lembraremos daqueles que nos contaram boas histórias.

Um bom texto (ou uma boa campanha) sempre prevalecerá.

> **Bill Bonner:** "People are upset. They know something is wrong. But they don't know what. The real explanation is too complicated. They won't sit still for it. So, they look for scapegoats – the rich... the banks... the Chinese."

Sou mais fã do que o Bill Bonner construiu do que da forma que ele utilizou para chegar aos seus objetivos, mas, goste você dele ou não, essa frase é de uma preciosidade raríssima.

As pessoas não querem explicações complexas, multifacetadas e recheadas de raciocínio – ainda que sejam a verdade! Elas querem uma solução simples, que resulte num processo decisório ainda mais simples... de preferência, binário: "Faço isso ou aquilo?".

Eu gastei boa parte do meu tempo te dizendo como a atenção das pessoas evaporou e como você tem, no máximo, alguns segundos para atraí-las. Não gaste esse recurso preciosíssimo – a atenção da sua audiência – com histórias que precisarão de períodos enormes de tempo para serem explicadas.

Isso é coisa para historiadores, professores ou especialistas. Nós somos apenas vendedores. Ofereça um inimigo, um medo e uma recompensa e deixe que ele execute uma única escolha: aproveitar ou ficar para trás.

> **Rosser Reeves:** "No, sir, I'm not saying that charming, witty and warm copy won't sell. I'm just saying I've seen thousands of charming, witty campaigns that didn't sell."

Qual é a pior coisa que pode acontecer com o seu negócio, campanha ou lançamento? Dar errado?

Não. Se der errado você aprende. Recolhe o produto, coleta as experiências, ouve os clientes, ainda que sejam poucos, e o aprimora.

O pior é você não ir para a rua. É ficar dentro de casa, com medo da estreia. E, geralmente, quando isso acontece, você tenta justificar o atraso com desculpas do tipo: "Estou pensando na maneiwra perfeita de inaugurar o meu negócio!". Geralmente é nessas horas que você se sente tentado a criar campanhas elaboradas, criativas e recheadas de segundas, terceiras e quartas intenções. É quando as coisas começam a ficar elaboradas demais.

E é aí que Rosser Reeves é imortal: nada disso é garantia de sucesso. Se seu produto ou campanha estiver fadado ao fracasso, a melhor coisa que pode acontecer é que a derrota venha rápido.

> **Seth Godin:** "I define anxiety as experiencing failure in advance."

É aqui que o empreendedor morre. Todos nós adoramos o processo: gostamos da incerteza, da adrenalina que invade o nosso sangue, do coração batendo mais rápido e daquele "e se" que não sai da nossa cabeça.

Foi para isso que fomos feitos. É isso que define um empreendedor: um agente que pretende mudanças em um cenário com alto grau de incertezas.

Mas você não pode deixar o futuro te destruir. Se você experimenta a ansiedade e não remedia isso, seja colocando a cabeça no lugar ou o produto na rua, você adoece.

Nosso corpo só morre uma vez, mas morremos muitas vezes em nossa cabeça. Tatue na sua testa: o fracasso não te mata. Machuca, no máximo. Imprime dor e faz sentir vergonha (muitas vezes mais do que deveria), mas, definitivamente, não mata.

> **Christopher Vogler:** "I realized that the good stories were affecting the organs of my body in various ways, and the really good ones were stimulating more than one organ."

Se você quer escrever melhor, contar histórias melhores ou simplesmente tornar a narrativa dos seus produtos ou serviços mais interessantes, tem que ler Christopher Vogler.

Ele escreveu um dos livros que mais impactou a minha carreira como copywriter: *A jornada do escritor: Estrutura mítica para escritores*. Todo ano eu releio esse livro e muitas vezes faço anotações novas sobre as antigas.

É o tipo de obra que se tornou uma ferramenta de trabalho: mantenho uma cópia no escritório de casa e outra na agência.

Quando ele diz que a boa escrita deve estimular diversos órgãos ao mesmo tempo, o que ele quer dizer é: sensações antecedem a venda. Você deve estimular o seu cliente no cérebro (convencendo-o através de argumentos lógicos), mas também no coração (através da captura dos seus sonhos) e no estômago (fazendo-o sentir aquela boa ansiedade que antecede o início da jornada).

> **Robert McKee:** "To connect to people at the deepest level, you need stories."

Robert McKee é outro desses caras enormes. Seu livro, *Story: Substância, estrutura, estilo e os princípios da escrita de roteiro*, também mexeu comigo – não tanto quanto o de Vogler, mas me trouxe alguns insights bem importantes. O principal é uma ideia que ele repete do início ao fim do livro: somente com histórias as marcas conseguem se relacionar intimamente com as pessoas.

Quando as histórias ocupam o lugar das promoções e dos produtos é que a fidelização do cliente começa a alcançar novos patamares. O cliente não só "lembra" da sua marca, ele PENSA nela.

> **Stephen King:** "If you want to be a writer, you must do two things above all others: read a lot and write a lot."

Não existe truque. Simples assim. Não há atalho para se tornar um bom copywriter; é preciso ler muito e escrever muito. O hábito precede a excelência, e você se torna aquilo que faz repetidas vezes.

Não acredita? Quer mesmo discutir com Aristóteles?

Escrever não será um prazer desde o início para a maioria das pessoas. Escrever é mais ou menos como ir à academia: só uma minoria se sente feliz lá dentro desde o primeiro dia.

Os seres humanos comuns, como você e eu, precisarão de resultados para começar a gostar do processo. Com a academia, o espelho te convence a continuar. Da mesma forma, os parágrafos, cada vez maiores, serão um trampolim para que você goste de escrever sempre mais.

> **Claude C. Hopkins:** "We learn, for instance, that curiosity is one of the strongest human incentives."

Não poderia deixá-lo de fora. Sem ele não haveria David Ogilvy. E digo mais: sem seu método científico não haveria Google, Facebook, Instagram, compra de tráfego...

Claude Hopkins foi o início desse mercado inteiro, e essa sua frase mexerá sempre comigo: a curiosidade é o motor de qualquer mudança.

Seja curioso, mantenha-se interessado, nunca se dê por satisfeito. O homem morre – criativamente falando – na hora em que se nega a fazer o esforço de aprender algo novo com quem quer que seja.

> **Eugene Schwartz:** "There is your audience. There is the language. There are the words that they use".

As pessoas compram de quem elas gostam, e para isso precisam se identificar. A sua linguagem deve se adaptar à sua audiência, e não o contrário.

Se você quiser chamar a atenção de uma pessoa, fale do jeito como ela está acostumada a falar no seu dia a dia, com os seus amigos, dentro de casa.

Linguagem corporativa, engessada, polida demais, só serve para os grandes bancos, para as grandes marcas – e até elas estão percebendo o poder que é sair dessa camisa de força verbal.

Lembre-se: não é sobre você.

Você e o seu negócio nasceram para servir; a ditadura final, no livre mercado, é a do consumidor. É ele que possui o poder de promovê-lo a um grande negócio ou demiti-lo, trazendo a sua ruína.

Chegamos, enfim, ao fim

Esses foram os tesouros que eu reservei para você ao longo dessa jornada. Comecei o livro te parabenizando por ter encontrado esse mapa. Agora, ao final, espero que tenha encontrado utilidade em alguns dos tantos conselhos que passei aqui.

Cada uma dessas lições foi importante para a construção do Ícaro que você e a internet conhecem hoje, para o desenvolvimento da nossa escola e de projetos que ficaram marcados no coração e na memória de milhões de brasileiros, como o Brasil Paralelo, o Código da Riqueza, entre outros.

Eu sempre fui aquele tipo de leitor que ficava triste ao final de um livro, mas o que eu não sabia é que era ainda mais triste terminar de escrever um. Me peguei alongando as palavras e escrevendo um pouquinho mais do que deveria, tudo para que pudesse continuar aqui com você, leitor, por mais alguns instantes.

A notícia boa é que eu estou na internet todos os dias, seja no Instagram ou nas aulas que damos no Novo Mercado. Lá, uma vez por semana, ao vivo, nos reunimos para trocar ideias, experiências e insights sobre negócios, comunicação, copywriting, vendas e redes sociais.

Caso você não seja nosso aluno, faço um convite especial. Experimente o nosso conteúdo por sete dias e eu garanto que você irá gostar.

Caso já seja nosso aluno: não importa o dia, horário ou data, centenas de aulas estão à sua espera para torná-lo um profissional e uma pessoa melhor.

Foi um prazer tê-lo comigo por toda essa obra.

Lembre-se: pegue o que aprendeu aqui e aplique. Abrace o quase, não tenha medo e crie com as próprias mãos o futuro que até então só existe na sua cabeça.

Fontes INGEBORG, CIRCULAR
Papel ALTA ALVURA 90 g/m²
Impressão RR DONNELLEY